鉄オタ集結!

「好き」を強みに ♥

発達障害のある子の居場所「鉄オタ倶楽部」

富井奈菜実・越野和之・別府 哲 編著
奈良教育大学特別支援教育研究センター 協力

TETSU OTA

NANAMI TOMII / KAZUYUKI KOSHINO SATOSHI BEPPU
NARA UNIVERSITY OF EDUCATION

CREATES KAMOGAWA

Prologue

　鉄オタ倶楽部とは、発達障害のある子を対象とした、彼らが愛してやまない「鉄道」を思う存分追求してもらう場です。奈良教育大学特別支援教育研究センターが実施する集団プログラムでもあり、大好きな「鉄道」を強みに、ソーシャルスキルを身につけたり、自分らしさを確かめたりすることを活動のねらいとしています。2018年に開設され、2024年春で7年目を迎えましたが、開設当初から今もなお変わらず、彼らは熱量高く活動し続けています。本書は、彼らがそこまで熱中する鉄オタ倶楽部とはナニモノなのか。この活動のコンセプトやプログラム、そして活動の実際や意義をまとめています。

　この本を手に取ってくださっている方はきっと、マニアックなもの・ことに熱中する子どもたちに出会ったことがあるのではないかと思います。私もこれまで、鉄道、バス、食虫植物、イルカ、漢字、数学など、さまざまな分野の博士たちに出会ってきました。彼・彼女らがイキイキとそのことを話す姿を見るのがたまらなく好きなのですが、その一方で、話し相手としての不十分さを感じていました。興味をもってマニアックな話を聞くことはできても、私が彼・彼女らに返せる言葉は、「へ〜そうなんや〜！」「それはなんていう名前なの？」「どんな虫を食べるの？」、その程度です。「もっと対等に話ができる人が欲しいだろうな…」。そんなふうに思っていました。

鉄オタ倶楽部を立ち上げた大西貴子先生がこの活動を提案されたとき、「絶対やりたい！」と思いました。支援者として抱いていた先のような不満が解消される感がありました。それは今も変わらず、確かな手応えももちながらこの活動を続けています。きっと、この本に手を伸ばされた方も、「私もやってみたい！」、そう思っておられると想像します。

　本書を書くにあたっては、子どもたちのイキイキとした姿と、彼らの思いや願いを記述することを大切にしました。愛する鉄道の話を共有できる仲間にやっと出会えた彼らが、仲間との活動を通して何を感じているのか。鉄オタ倶楽部という場が、彼らの生活にどのように溶け込んでいるのか。そのことに関心があり、またそれらをきちんと記述することがこの活動の意義、すなわち発達障害のある子の発達支援を考える上で重要であると考えたからです。

　ぜひ、すべてのPartをお読みいただき、子どもたちの「好き」を強みにした活動の意味を、それぞれの現場、そこにいる子どもたちと結びつけながら、一緒に考えていただければ幸いです。そして、「好き」を軸とした発達障害のある子の居場所が全国各地に誕生していくことを願っています。

本書はたくさんの人たちに関わっていただきながら制作されました。

　別府哲先生（岐阜大学）には、思春期・青年期にある自閉スペクトラム症児者の心の理解をテーマに、この活動の発達的な意義を解説していただきました（Part5）。加えて、別府先生にはこの本の意義にも強く共感いただき、編者にもなっていただきました。

　また鉄オタ倶楽部を立ち上げた大西貴子先生と、立ち上げ当初、特別支援教育研究センター・センター長であった根來秀樹先生にコラムを執筆していただきました。

　さらに、この活動を支援してくださっているサポーターのみなさんからは一言メッセージを、特別支援教育研究センターの先生方からはコラムを、それぞれ寄せていただきました。

　鉄オタ倶楽部のメンバーとそのご家族には、書籍化にあたって写真の掲載やエピソードの提供など、ご理解・ご協力をいただきました。Part2およびPart4においては、数人のメンバーならびに保護者の方にインタビューにもお答えいただきました。それ以外のメンバーも、写真やイラストなどをいつも快く提供してくれました。彼らの協力のおかげで、鉄オタ倶楽部らしさが詰まった本になっています。

　そして、クリエイツかもがわの伊藤愛さんには、成果発表会にも足を運んでもらい、一緒に本づくりを進めていただきました。

　この本に関わってくださったすべてのみなさん、たくさんのお力を貸していただき、本当にありがとうございます。

富井奈菜実

本書は、令和5年度に文部科学省の助成を受けて作成された「奈良教育大学教員研修コンテンツ」の動画、『「こだわり」を強みに：自閉スペクトラム症児のための鉄オタ倶楽部―特性を大切にした人格とソーシャルスキルの形成―』に基づいています（文部科学省令和4年度教員講習開設事業費等補助金；「新たな教師の学び」に対応したオンライン研修コンテンツ開発事業）。

　本コンテンツ動画は、奈良教育大学のHPから、有料で視聴することができます。動画だからこその、子どもたちのよりリアルな姿や語りなども観ていただけます。ぜひ、本書と併せてご活用いただければ幸いです。

奈良教育大学
教員研修コンテンツ

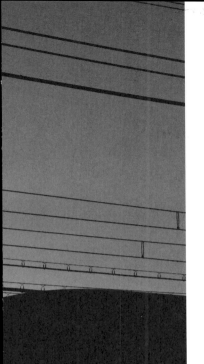

CONTENTS

Prologue 2

ようこそ
鉄オタ倶楽部成果発表会へ！ 8

鉄オタ倶楽部メンバー紹介 20

Part1 鉄オタ倶楽部の取り組み（富井奈菜実）22

Part2 子どもたちに聞いてみました！ 38

Part3 活動からみえる子どもたちの
　　　思い・願い（富井奈菜実）50
⑴「こだわり」の姿の中にある子どもたちの思い・願い 50
⑵「他者」の存在 53
⑶ 自分づくり 60
⑷「好き」を軸にすえた活動の意義 64

Part4 保護者の思い 69

Part5 鉄オタ倶楽部の発達的意義（別府　哲）84
⑴「こだわり」ではなく、「好き」ととらえる 84
⑵ ASDに関する誤解（その１） 87
⑶ ASDに関する誤解（その２） 91
⑷ 鉄オタ倶楽部とソーシャルスキル 93
⑸ 鉄オタ倶楽部と人格形成―アイデンティティの確立 100
⑹ 最後に―とことん楽しむ 104

Epilogue 110

COLUMN
鉄オタ倶楽部の立ち上げにあたって　　　（大西貴子）34
「居場所」があること「仲間」がいること　（小松　愛）46
医療の立場からみた「鉄オタ倶楽部」　　　（根來秀樹）66
"好き"は本人・家族の大きな力に　　　　（角田悠至）81
鉄道だけじゃない！○○オタクな子どもたち
　　　　　　　　　　　　　　　　　　　（中西　陽）107

［サポーターから一言］37・49

2024初日の出（Fくん撮影）

ようこそ
鉄オタ倶楽部成果発表会へ！

　2024年3月17日、JRや私鉄各社のダイヤ改正の翌日に、第6回目となるメインイベント、鉄オタ倶楽部成果発表会（詳細は次章に）を開催しました。まずは発表会やその準備の様子を通して、鉄オタ倶楽部や子どもたちの雰囲気を感じ取っていただければと思います。

第6回 鉄オタ倶楽部成果発表会

　発表会当日の午前中にはリハーサルの時間を設けています。また同時進行でお客さん（一般公開しています）をお迎えするための会場づくりも進めていきます。今回は子どもたちの発案で、鉄オタ倶楽部らしさあふれるウェルカムボード（写真1）を作ってくれたり、家からNゲージ🚃¹の車両、レール🚃²、パワーパック🚃³を持ってきて走行エリアをセットしてくれたりしていました（写真2）。

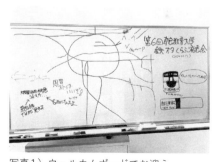

写真1）ウェルカムボードでお迎え

写真2）特設Nゲージコーナー

後述するチーム「Nゲージ」メンバーのおかずくん、えいとくん、まるはちくんたちは「精密機械だから」と、張り付いて見守ったり、お客さんを迎えたりしてくれていました。こうした工夫はスタッフでは思いつきませんので、子どもたちにお任せですが、毎回お客さんには大好評です。

🚌 Fくん（卒業生サポーター）に鉄道用語を解説してもらいました

1　本物の車両を1/150に縮尺した模型のこと
2　（Nゲージで）車両を走らせるための必須アイテムで後述のパワーパックから流れてきた電気がレールに伝わって車両のモーターが動く仕組み
3　Nゲージなどの車両を動かすためのコントローラー

チーム「18きっぷ[4]の旅」

　発表会はチーム発表と個人発表で構成されていますが、テーマを決めて集まったどこかのチームに必ず所属してもらい、その活動を発表します。このチーム決めは秋頃に行われるのですが、子どもたちは「今年は何しようかな〜」と毎回ワクワクしながら考えています。

　今回初めて立ち上がったのはチーム「18きっぷの旅」。以前からずっと「青春18きっぷを使って遠征したい！」という熱い要望を聞いてはいたのですが、青春18きっぷを使ってお得な旅をするため＝かなりの遠出をする、ということなので、私たちスタッフもなかなか踏み切ることができずにいました。しかし、2023年冬、意を決して実現。まずはルート決めのために定例会（月1回2時間）2回分を費やし、メンバーからは和歌山方面に行くルート、京都や滋賀方面に行くルート、そして姫路方面に行くルートが候補にあがりました。基本的に決めごとは多数決なので、それぞれスマホやタブレットも駆使しながら、どの車両に乗れるか、乗り換え時間はどうか、停車駅で撮影できる車両は何があるか、といった情報を整理し、最終的には姫路方面ルートに決定しました。

　青春18きっぷのルールをおさらいしつつ行程を決め、遠征当日は朝8時にJR大阪駅を出発。神戸線、加古川線、福知山線、山陰本線、播但線、そしてまた神戸線を回って、夕方ようやく大阪に戻ってきました。今回の旅はただ乗り鉄[5]をしていただけでなく、駅に停車するたびにホー

4　青春18きっぷ。JR全線の列車（特急と新幹線を除く）に乗り放題の切符。5回まで利用可能
5　鉄道に乗ることで、時刻表を調べてまた特定のスジ（一列車が走る時間について駅停車や通過時間などをつなぎ合わせた1つの行路のこと）を利用して目的地に行く

写真3）念願の播但線！＠寺前駅

ムに出てはひとしきり撮影をして、また車両に戻って移動するというなかなかハードな内容でした。それでも、どの子もキラキラと目を輝かせていました。本当に、電車が好きなんですよね。メンバーの日野くん、大輝くんは本格的なカメラでカッコいい写真を撮りまくり、創大くんは撮影のために駅のホームを走り回り、KINくんはお気に入りの写真を求めて画角にこだわり、悠人くんは各路線のうんちくをスタッフに語り、ばななくんはJR姫路駅のわずかな乗り換え時間で『まねき』の駅そばを食し、晴義くんは時に撮影のモデルになったりもしていました。

　子どもたちが撮影した写真を見返していると、座席のシートや前面展望6を撮るメンバー、通過や連結シーンを動画に収めるメンバー、なんとしても新幹線が撮りたいメンバー（今回の旅のコンセプトから外れているのに）など、撮りたいもの、注目するポイントが違っていて、そんなところにも個性が出ていました。

　さすがの子どもたちも1日がかりの旅で相当くたびれたようですが、普段行けないところまで仲間と一緒に遠征することができて大満足に終わりました（写真3）。

　発表会では旅の報告会を企画。行程に出てくる路線を分担し、撮影した写真を選りすぐり、思い出を文章にまとめていく作業を、サポーター（鉄オタ倶楽部をサポートしてくれる学外の方。詳細は次章）やスタッフに手伝ってもらいながら、数か月かけて進めていきました。高校生のメンバーがリーダーを担い、学業の合間に発表の構成を考えたり、スライド資料をかなりこだわって作ったりしてくれたお陰で、見ごたえのある発表スライドができあがりました（写真4）。他のメンバーも、自分が

6　列車の先頭で風景を楽しむこと

話を担当する部分の原稿をていねいに作り込み、本番直前まで「ここのセリフこうします！」と微調整をしてバタバタでした。

本番では、力の入った準備の甲斐もあり、充実した旅の様子がとてもよく伝わる報告会となりました。当日になって急に旅の感想を言ってもらうというスタッフの無茶振りにも、ばっちり応えてくれました。

写真4）播但線の雰囲気を表したオリジナルスライド（発表会用）

チーム「Nゲージ」

お次は、チーム「Nゲージ」の紹介。このチームは成果発表会では鉄板で、第1回目の発表会から人気のあるジャンルです。基本の発表スタイルは、Nゲージを走行させることのできる施設を訪れて走行動画を撮影し、それを編集した動画を観てもらうというもので、これまでも何か所かの施設で撮影してきました。今回はどこに出かけるか、子どもたちといろいろ調べていくと、"お茶を飲みながら、走行するNゲージを眺めることができるカフェ"を発見。そしてなんとそのカフェは2024年1月をもって閉店してしまうということが明らかに。「今年は絶対ここやな」ということで、お邪魔してきました。

撮影は2時間の制限付きで、それはもう大興奮、ドタバタの撮影となりました（写真5）。お茶を飲みながら…という優雅な時間を過ごしたのはスタッフと、ちょっと疲れた子ども数人だけで、ほとんどのメンバーは発表会の素材集めというミッションを達成するため、撮影に集中して

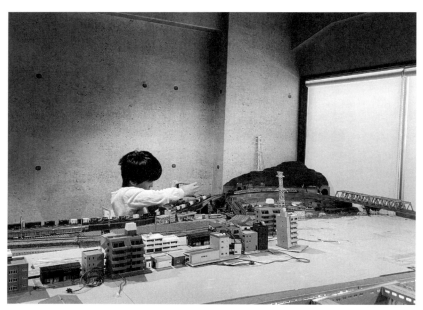
写真5）大興奮の撮影

いました。

　すばらしかったのは片付けの様子。閉店迫るカフェは予約でいっぱいで、撮影は時間厳守だったのですが、終了時刻10分前になると、子どもたちは自ら大慌てで片付けに取りかかり

写真6）Ｎゲージ走行動画

ました。「楽しみに来店する人の邪魔になったらあかん」「お世話になったお店に迷惑かけたらあかん」と言いながら必死に片付けていて、お店の方から「そんなに気を使ってもらわなくて大丈夫ですよ〜！」と声をかけていただけるほどでした。そんなふうに、彼らはいつもまわりに気を配りながら、行動しているのです。

　発表に向けた動画制作は卒業生サポーターのＦくんの担当。その技術やセンスはピカイチで、子どもたちもお客さんも毎年動画を楽しみにしています。今回もＮゲージの魅力あふれる編集はもちろんのこと、閉店してしまうカフェへの寂しさも表現された素敵な動画を仕上げてくれました（写真6）。また、今回のチームメンバーは鉄オタ倶楽部歴が長く、本番前には「あんまり緊張しないんですよね〜」と言っちゃうくらい、ちょっと気持ちに余裕のある子どもたち。おかずくんやえいとくんは時に茶々を入れ、会場を和ませてくれる存在にもなっています。

バラエティ豊かな個人発表

　個人発表は希望制ですが、年々希望者が増え、個性あふれる発表をしてくれます。今回出てきたテーマは、全国各地への鉄道旅、鉄道PV[7]、

JR北陸線金沢－敦賀の最終運行、留学先のニュージーランドの鉄道、一日駅長体験記録などで、お腹いっぱいの内容となりました。
　少しご紹介します。
　長瀬くんは、北陸新幹線の金沢－敦賀間の開業に伴って運行終了となった特急サンダーバードの、最終列車出発のシーンを動画や写真で見せてくれました。最終列車の運行はダイヤ改正の前日。発表会はダイヤ改正の翌日ですから、2日前のほやほやの出来事です。さらに連日話題になっていたニュースでもあったので、このネタが出てきただけでも「行ってたんや！」「最終列車撮れたん！」とつかみはバッチリ。しかし、さらに驚かされたのは、たくさんの来場者であふれる中、なんと長瀬くんはその先頭に立ち、カメラを回していたのです！　そんなすごいことをうちのメンバーがやってのけたのかと、なんだか誇らしい気持ちで聞いていました。
　日野くんの発表では、日本と留学先のニュージーランドの電車の違いをテーマとし、例えば、ドアの数やその開閉の仕方等を比較し、その違いがなぜ起こるのかを考察するといったような、研究発表と言っても過言ではないような報告をしてくれました（写真7）。
　悠人くんの一日駅長体験記録（写真8）では、ふるさと納税の返礼品として、若桜鉄道（鳥取県）の一日駅長を体験した映像（なんとテレビ番組に出演していました！）を観せてもらいました。子どもたちは「え！　悠人くん？　嘘でしょ」とツッコミつつ、「いいなー！　俺も親にふるさと納税してもらうわ！」と意気込んでいました。
　個人発表は、マイペースに、思い切りこだわることができる点が、チー

7　鉄道 Promotion Video のことで音楽に合わせて動画を切り替えたりすること。その時の自分自身の撮影技量も試される

写真7）日本とニュージーランドの電車の違い。日本のドアの開き方

写真8)一日駅長体験記録

ム発表とは異なる良さです。またチーム発表では十分に知ることのできない、それぞれの日常の活動を覗くことができる貴重な機会でもあります。

ちょっと変わった発表会

　いうまでもなく、成果発表会は鉄道一色です。長時間、鉄道の話をして、聞いてというこの発表会、改めて考えるとちょっと変わっているよなと思います。ですが、なんだかとっても魅力的で、子どもたちやご家族はもちろん、サポーターやスタッフ、お客さん、全員が発表会を毎年心待ちにしています。それはきっと、鉄道そのものの魅力だけではなく、生き生き輝く子どもたちが魅力的だからなのだと思います。彼らが創る発表会だからこそ、おもしろいのです。

　鉄オタ倶楽部の空気感、伝わりましたでしょうか。紹介できたのは、ほんの一コマで、彼らの鉄道への熱量や知識は、みなさんの想像を超えるものだと思います。ここから、さらにその中身に迫っていきたいと思います。

[富井奈菜実・小松　愛]

鉄オタ倶楽部メンバー紹介

愛車とともに

2024年春時点では10人の現役メンバーが参加しています。加えて卒業生3人が、現在はサポーターやOBとして引き続き携わっていますので、ここであわせて紹介します。メンバーやサポーター・OBの詳細は、「Part1 鉄オタ倶楽部の取り組み」をお読みください。

▼ 現役メンバー

晴義くん
[はるよし]

宮内晴義くん。小学生（高学年）。加入3年目。愛車は、JR西日本205系1000番台。

ばななくん

中学生。加入7年目。愛車は、近鉄1620系。

悠人くん
[ゆうと]

中之瀬悠人くん。中学生。加入7年目。愛車は、若桜鉄道WT3000形昭和号。

創大くん
[そうた]

中学生。加入3年目。愛車は、JR九州ななつ星。

えいとくん

高校生。加入7年目。愛車は、近鉄1010系T11編成。

おかずくん

高校生。加入7年目。愛車は、JR西日本227系1000番台。

KIN くん
高校生。加入6年目。愛車は、近鉄1620系（A更新車）。

まるはち くん
高校生。加入7年目。愛車は、近鉄9200系 FL54 編成。

大輝 くん
[だいき]
堀井大輝くん。高校生。加入5年目。愛車は、新幹線500系。

日野 くん
[ひの]
日野春木くん。高校生。加入7年目。愛車は、近鉄30000系ビスタEX。

▼ 卒業生サポーター・OB

長瀬 くん
[ながせ]
大学生。加入7年目。愛車は、国鉄381系クハ381-108。

咲人 くん
[さくと]
池田咲人くん。専門学校生。加入7年目。愛車は、OSAKA METORO21系 21601。

F くん
[えふ]
会社員。加入7年目。愛車は、近鉄2800系 AX10 編成。

＊メンバーや卒業生サポーター・OBの名前は本人や保護者の希望に基づき表記しています。

＊愛車は2024年3月に実施された成果発表会内で開催した「愛車コンテスト」に基づきます。写真は各自が撮影したものです。

Part 1

鉄オタ倶楽部の取り組み

富井奈菜実
[とみいななみ]

(1) コンセプト

　鉄オタ倶楽部は、主に自閉スペクトラム症（以下、ASD）があり、鉄道を愛してやまないという子どもたちを対象とした集団プログラムです。
　これはASDの特性の一つであるとされている「こだわり」に注目したものです。「こだわり」の質や現れ方はさまざまではありますが、時に、行動が切り替えられない、他者との交流を困難にさせるなどネガティブなものとしてとらえられ、「こだわり」を減少・消失させることが指導上の目的とされる場合もあります。一方で、この「こだわり」を子どもたちが強い興味を示すもの、大好きなものとして、ポジティブにとらえ直し、支援や指導に積極的に取り入れた実践も注目されるようになってきています。鉄オタ倶楽部も「こだわり」の中身を大切にし、彼らの鉄道への愛をとことん追求してもらう場として創設されました。鉄道という趣味を軸にした活動を通して、自然な状況の中でソーシャルスキルを身につけていくこと、「好き」を共有する仲間関係の中で自分らしさを

感じ取っていくことがそのねらいとなります。

　またプログラム作成にあたっては、次の5点に留意し、合理的配慮と環境設定を行っています。それらを踏まえた、具体的なプログラムの内容について、説明します。

①ASDの特異な関心の持ち方を強みとして利用すること
②類似性の高いメンバーを選定すること
③小学生から高校生までが継続的に参加できる異年齢混同集団
④メンバーと同等かそれ以上の知識を持つスタッフがいること
⑤ASD独自の認知特性に十分な配慮がなされていること

（大西他, 2021, p96より引用）

（2）構成員

メンバー（子ども）

　ASDがあって知的障害のない、鉄道に強い関心を示す小学生から高校生が対象です（留意点①・②・③）。発足当初は、チラシの配布（主な配布先は学校、医療機関、福祉機関）や、奈良教育大学特別支援教育研究センター（以下、センター）のホームページを用いて募集を行い、面接等を経てメンバーが選ばれました。その後はスタッフの体制などを考慮し、適宜メンバーを追加しつつ、例年、十数人の規模で活動してきました。

サポーター

　子どもたちと鉄道の話題を共有しながら支援を行う役割として、サポーターを位置づけています（留意点④）。鉄道に詳しい大人で、教育、医療、福祉分野で発達障害児者と関わっている方、鉄道関連の会社に勤めている方、教員を目指す大学生を対象に募集を行い、参加していただいています。2024年春現在は、高校教諭1人、会社員1人、鉄道運転士1人、大学生2人と、先に紹介した卒業生サポーター・OBが子どもたちを支援してくれています。

　私たちスタッフは鉄道に詳しくないため、サポーターは重要な存在です。例えば、子どもたちの高度な話を、その価値やおもしろさを十分に理解して会話を広げてくれたり、子どもたちが発表会で話したい内容を的確にとらえて、良案や工夫を提案してくれたりなど、子どもたちの勘所をおさえた関わりをしてくれています。

　"話したい""聞いてほしい"と渇望している子どもたちにとって、"鉄道に詳しい大人"との関係ややりとりは、仲間とのそれとは異なった意味をもつのではないかと思います。会話ができるよろこびだけでなく、大人だからこそもつ、より高度な知識や情報を知るよろこび、大人とも対等に鉄道の話ができるという誇り、大人視点にたった考え方の発見などが考えられるでしょうか。子どもたちの好奇心・探究心を満たすと同時に、新しい世界への気づきという点で、学童期の子どもの発達においても重要な経験になっていると考えられます。

　また発表の仕方、旅のプランの立て方などの場面では、プレ発表をサポーターにお願いするなど、子どもたちのモデルとなってもらっています（留意点⑤、写真9）。見通しをもちにくいと言われているASD児にとって、また学齢期の子どもたちにとって、計画の枠組みをもたせることは

重要です。それをスタッフではなく、鉄道に詳しいサポーターに担ってもらうことは、子どもたちが"本物"を知る上でも、重要な要素になっていると思います。

卒業生サポーター・OBの場合には、子どもたちの"先輩"

写真9）計画方法を説明するサポーター

として活躍してもらっています。本人にとっては、これまで以上に"先輩"としての誇らしさを感じられる良い機会になっていると思います。また現役の子どもたちにとっては、憧れの"先輩"にもなっており、卒業が近づいてくると、次はサポーターになれると期待している子もいます。"先輩"というのは重要な関係で、例えば指示を出すにしても、スタッフよりも"先輩"に言われるほうが説得力があったり、共感を得やすいこともあったりするのではないでしょうか。

最後に大学生サポーターの場合には、子どもたちをサポートするだけでなく、発達障害のある子どもを理解し、支援するということについて、実践から学んでもらうことを大切にしています。主には教員を目指す学生ですが、そうでない場合も含め、彼・彼女らは今後社会に出てから発達障害児者と接する機会があるはずです。子どもたちとの経験の共有を通して、その実際を学び、生きづらさを感じている発達障害児者がより自分らしく生きていくことを支えていく存在になることを願っています。

スタッフ

センターの教員と相談員の4人がスタッフとして、鉄オタ倶楽部を運営しています。スタッフは公認心理師や臨床心理士などの資格を有しており、普段はセンター内外において発達相談や教育相談に携わっています。

活動に際しては、子どもたちの希望を聞き取りながら年間計画を立てたり、話し合いを進めたりしていますが、どこまでをスタッフが動かし、どこからを子どもたちに任せるかなど、集団の状況を見て相談し、判断するようにしています。

(3) 活動プログラム

鉄オタ倶楽部の活動は主に、定例会、成果発表会、遠足の3つに分けられます。

定例会

定例会は、プログラムのベースとなるもので、月に1回、2時間という枠組みを設定し、センターの部屋を使用して活動しています。

年間計画は大まかに春夏の「前期」と、秋冬の「後期」の2期に分かれて構成されています。

前期は、夏に実施するイベントを子どもたちと相談しながら企画し、それに向けて定例会の中で準備を進めていきます。例えば、夏のイベントとして「大回り」乗車[8]が計画された際には、どのルートで回るかをコンペ形式で決めることになりました。定例会では、2〜3人のグループをつくり、魅力あるルートやプレゼンテーションの方法を考えても

写真10）見事優勝！

写真11）オリジナル社章グッズ

らいました（写真10）。他にも奈良教育大学の技術教育講座とコラボし、3Dプリンターを使って架空の鉄道会社のオリジナル社章 9 グッズを製作したり（写真11）、鉄道関連施設の調べ学習をしたりと幅広く活動してきました。

　後期は、3月の成果発表会に向けて準備を進めていくことになります。ジャンルごとに子ども数人によるグループを結成し、何について、どう発表するのか、そのためにどんな準備が必要か、サポーターやスタッフと相談しながら計画を立て、作業を進めていきます。必要があれば学外での活動日も追加で設定し、写真や動画の撮影に出かけることもあります。素材がそろうと、次はプレゼンテーションに向け、スライドショーを作成したり、話し原稿を考えたりしていきます。こうした作業は、発足当初は、サポーターやスタッフが中心になって進めていましたが、最近では子どもたちがスライドショーを作る技術を身につけたり、話し合いの進行役ができるようになったりしてきたことから、年齢の高いメン

8　短区間の切符を買ってあえて遠回りしてさまざまな所を訪れて楽しむこと（なお、途中下車は禁止）。JRの特定エリアでのみ可能
9　会社の紋章のことで架空の鉄道では自分の好きなようにデザインできる

写真12）話し合いの様子

バーに対してその役を依頼するようにしています（写真12）。

　なお、コロナ禍では当初は活動休止を余儀なくされましたが、「オンラインでもいいから集まりたい」という子どもたちの声に応え、オンライン上での定例会を継続してきました。発表会もオンラインでした。制限がある状況下でもそれなりに満足度は高く見え、一安心と思っていましたが、子どもたちに聞き取りを行うと、「対面希望！」「みんなで乗り鉄したい！」という希望が多く出されました。その声に応えられないもどかしさはありましたが、一方では鉄オタ倶楽部やその仲間は、子どもたちにとってなくてはならないものになっているのだと改めて感じることもできました。

成果発表会

　成果発表会は鉄オタ倶楽部のメインイベントで、チームに分かれて活動を発表します。子どもたちはこの成果発表会を大変楽しみにしており、1年中「今年は何にしようかな〜」という声を聞きます。

　成果発表会は毎年3月に、2〜3時間、大学の大きな教室を借りて開催しています。一般に公開されており、子どもたちの家族や友人のほか、子どもたちの学校の先生や支援者（医療や福祉関係者など）、鉄オタ倶楽部の活動に関心のある教育・医療・福祉分野の関係者などが来場します。またチラシを作成し、子どもたちに10枚程度渡して、自らで宣伝・招待するようにもしています。常連の来場者もあり、子どもたちの活躍を楽しみに来てくださっています。

　これまでに結成されたチームは、乗り鉄・撮り鉄🚃10、音鉄🚃11、クイズ鉄🚃12、プラレール、Nゲージ、鉄道PV、MMD🚃13などです。いくつかご紹介します。

● 乗り鉄・撮り鉄

　さまざまなところに遠征に出かけた時の、写真や動画の記録を発表するものです。写真（**写真13**）は、咲人くんの発表で、東京遠征に出かけた時のものです。彼は飛行機や信号も好きなので、そうした内容も含みながら充実した旅の様子を報告してくれました。

10　鉄道を自分好みに撮影する
11　鉄道の音を聞いて楽しむこと。猛者は再現する方もいる
12　鉄道知識を問題形式にして出して答え合うこと(駅名の読み方を当てるなど)
13　MikuMikuDanceの略で本来は「初音ミク」というキャラクターたちを踊らせるための3DCGソフトだが、3Dモデルを作ることも可能なので鉄道車両をモデリングして走らせることもできる

写真13）東京遠征の報告

● 音鉄

この時は、関東や関西の電車の発着メロディーを耳コピや楽譜を見ながらピアノ演奏した動画を発表しました（写真14）。

写真14）発着メロディーの演奏

● クイズ鉄

クイズ鉄は来場者参加型の企画で、毎回大盛り上がり。難読駅名や「日本一〇〇な駅は？」といった問題を作成しています。レベル別に構成したり、ひっかけ問題を入れたりと、来場者に楽しんでもらうための工夫

をたくさん取り入れています。

　せっかくなので、悠人くんが実際に出題した難読駅名を紹介します！ぜひ答えてみてください。正解は、この章の最後のページに載せておきます。

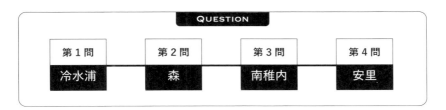

　定例会や成果発表会では、留意点の⑤、ASD独自の認知特性に応じた配慮について、次のような環境設定を行っています（大西他, 2021より）。

　一つは「場の構造化」で、ASD児の場合には、活動の自由度が高すぎると戸惑うことが想定されたため、"本番"としての成果発表会を設け、毎回の活動ですべきことを明確にしています。また期限内に作品を仕上げなければならないという適度な緊張感の中で、集中して活動に取り組めるような構成になっています。さらに成果発表会は、「他者視点の意識」をもたせるねらいもあり、定例会においてはサポーターやスタッフが「鉄道の知識がない人にもわかるように」と、声かけを行ってきました。

　こうしたプログラム全体の合理的配慮と環境設定、それらの効果については、本書の大西貴子先生のコラムや、章末に示した大西他（2021）により詳しく述べられていますので、そちらをご覧ください。

遠足

　遠足は年1回程度、子どもたちの希望に基づいて実施しています。基本的には定例会や発表会とは切り離し、独自に企画しています。これまで、名古屋にある建設会社の鉄道技術研修センター（写真15）、同じく名古屋のリニア・鉄道館（写真16）、一日大回り乗車などに出かけてきました。

写真16）Tシャツ仕込んできました

　鉄道技術研修センターとは、鉄道事業の建設に関わる実地訓練を行うための施設です。普段なら絶対にできないような線路に直接カメラを置

写真15）こんな格好で撮影できました

いての撮影、非常ボタンを押す体験など、貴重な経験をさせてもらいました。

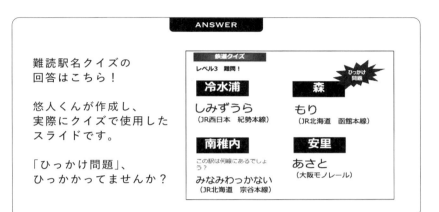

＊本章は、以下の論文に基づいています。より詳細を知りたい方は、ぜひご覧ください。
- 大西貴子・富井奈菜実・中西陽・小松愛・根來秀樹（2021）「自閉スペクトラム症のこだわりを生かした社会性促進プログラム―奈良教育大学「鉄オタ倶楽部」の開発」 児童青年精神医学とその近接領域62(2) pp. 241-258.
- 富井奈菜実・大西貴子・中西陽・小松愛・根來秀樹（2020）「自閉スペクトラム症の「こだわり」を生かした『奈良教育大学鉄オタ倶楽部』の取り組み」奈良教育大学紀要 第69巻 第1号（人文・社会）pp.1-14.

COLUMN

鉄オタ倶楽部の立ち上げにあたって

私が鉄オタ倶楽部をつくったきっかけ

20年ほど前、ある年の児童青年精神医学会総会で、『鐵愛倶楽部』という発表を見ました。当時横浜で本田秀夫先生のチームが行っていた、鉄道愛あふれるASD児の療育プログラムで、今となっては資料も残っていないのですが、とにかく駆け出しの臨床心理士だった私は、それまで「やっかいな問題」とされていたASDのこだわりにスポットを当てるという逆転の発想、そして場を与えられた彼らが笑顔で活動している姿に大きなショックを受け、同時に「いつかあれをやりたい！」と心を躍らせたのでした。実際に動き出せたのはずっと後になりますが、この経験が鉄オタ倶楽部をはじめとする余暇支援プロジェクトの礎となったことは間違いありません。

ASD児のマニアックな知識

臨床家の間では、ASD児の中に特定の分野に関してハイレベルな知識をもっている子が一定数いることは以前からよく知られていました。鉄道、昆虫、家電製品など、幼い頃から図鑑を飽きずに何時間も眺め、説明文を読み込み、実際に見に行き、コレクションする。達者な言葉遣いで膨大な知識を滑らかに語る姿はさながら博士です。

コミュニケーションの質と社会性

言葉を流暢に操っているように見える彼らですが、実はコミュニケーションの質は高くありません。たいてい一方的にまくし立てたら満足して終わるため、双方向のやりとりになりにくいのです。大人ならうまく話を合わせてくれても、同年代ではそうもいきません。みんなが好む日

常の雑談には興味を示さず、マニアックで小難しい話ばかりするのでだんだん話し相手がいなくなり、いつしか学校では浮いた存在になることもあります。そして彼らは、「コミュニケーションと社会性に障害がある」と評価されるのです。

「弱点」が「弱点」でなくなる場所

　しかし、そこに同じレベルで受け答えができる相手がいたらどうでしょう。会話が成り立ち、コミュニケーション障害は目立たなくなるかもしれません。しかもそんな仲間がたくさんいたら？　共通の話題は集団参加への強力なモチベーションになります。そこではきっと、自分が話すだけでなく、相手の話を聞き、伝わりやすい表現を選んで試行錯誤するでしょう。ソーシャルスキルは自然と育まれます。ASDは人づきあいと集団が苦手と言われますが、それなら「そこにいたい」と思わせる場をつくればいい。その中で子どもは自ら成長する。これが本プロジェクトの基本的な考え方であり、発達障害診療でもっとも重要とされる「環境調整」と呼ばれるものです。

スタートアップの重要性

　集団プログラムは、軌道に乗せるまでのスタートアップが何よりも重要です。鉄オタ倶楽部も企画段階から、3年後、5年後にどうなっていてほしいかを見通して細かく設計してあります（大西他, 2021）。詳細は専門的な話になるので省略しますが、例えば初期メンバーの選考においては、知的水準や言語理解力、マニア度、性格傾向等に類似性を担保することを第一に考え、年齢構成や人数のバランスを見ながら調整しま

COLUMN

した。ランダムにしないのは、共通言語で滞りなく会話が進む「彼らが多数派になる社会」をつくることが目的だからです。また進行上はASDの特性を考慮し、無駄なストレスを極力省いています。他にも参加決定通知の文面、初回までの期待値の高め方、大人の鉄道マニアであるサポーターの役割、プレゼン力向上計画、リーダー育成の下準備、発表会を一般公開する意味等、実はあらゆることにねらいがあり、心理学や児童精神医学の知見に基づく仕掛けが張り巡らされているのです。少なくとも最初の2年間でこうして綿密に土台づくりをしておけば、あとは集団が勝手に育ってうまく回り出すでしょう。

「変わってるね」はほめ言葉

鉄オタ倶楽部は、名称に「オタク」という若干の自虐的要素を含めてありますが、これは彼らの「しつこさ」に対する私からのリスペクトであり、変わり者であることを堂々と生きてほしいというメッセージでもあります。今後もいい風味を醸し出しながら、社会のスパイスになってもらいたいものです。

鉄道に限らず共通の関心事を軸にした集団プログラムは、対象とする子どもや目的に合わせて柔軟なプランニングが可能です。今後もさまざまなおもしろいクラブができることを期待しています。

[文献]
大西貴子・富井奈菜実・中西陽・小松愛・根來秀樹「自閉スペクトラム症のこだわりを生かした社会性促進プログラム─奈良教育大学「鉄オタ倶楽部」の開発」児童青年精神医学とその近接領域 62(2):241-258. 2021

大西貴子［おおにしたかこ］
社会医療法人弘道会なにわ生野病院心療内科

サポーターから一言

　ぼくも、大人だけど、みんなと同じ発達障害者です。そしてみんなと同じ鉄オタ！

　みんなくらいの頃から鉄道が大好きでした。今でも付き合いのある近所の幼なじみが大の京阪ファンだった影響で吊り掛け駆動の1300系や1700系を追いかけ回していたのが懐かしいです。ただ、みんなと違うのは友達が少なかったこと。鉄オタではみんな一緒に大勢でワイワイ楽しそう撮り鉄やったり乗り鉄やったり、動画作ったり本当に楽しそう！本当に心の底からうらやましいです。そんな君たちを影ながら応援できるのはぼくの誇りです。

　これからもよろしくね！

［荒牧達朗］
あらまきたつろう

　子どもたちの「経験不足」を解消するために

　困り感を抱える児童生徒にとって、対人関係の経験不足を補うことができる場としての最適解が「鉄オタ倶楽部」だと感じます。

　子どもたちにとっては、楽しみながら鉄道について語り、調べて知識を深めていただけかもしれません。

　でも、気づけばいつの間にか友達ができていて、自然と会話ができるようになって、調べ方やまとめ方、発表の仕方が身についている。そのような、気づかないうちに経験不足が補われている環境に、より多くの子がアクセスできるようになれば、人知れず苦しんでいる子の支えになるのではないかと感じます。

［石川空海］
いしかわくう

　最初は現役鉄道運転士として鉄オタ倶楽部の活動にどのように貢献できるか心配がありましたが、子どもたちのほうから駆け寄ってきてくれたおかげですぐに馴染むことができました。子どもたちに鉄道で働く現場の話を提供したり、逆に子どもたちから鉄道の知識を教わったり、毎度もちつもたれつの楽しい時間を過ごさせていただいております。これからも一人の鉄道マンとして、そして一人の大人としてみんなの鉄オタライフを支えたいと思います。

［倉田陽平］
くらたようへい

子どもたちに聞いてみました！

鉄道の何が彼らを惹きつけるのか？ 彼らにとって鉄オタ倶楽部とは？
子どもたちに直接聞いてみました！

Fくん　　　　　　　　　　　　　　　　　　　（卒業生サポーター）

Q1　鉄道の魅力を教えてください

　自分は今写真撮影とかをやっていまして、今しか見られない日常の光景、これからの新しい日常の光景を追い求めたり、そこでしか見られない遠いところに旅に出て、見たり撮影したりするのが鉄道の魅力と、楽しみだと思っています。

Q2　鉄オタ倶楽部に入りたいと思った理由は？

　中学生の頃、あまり同じ鉄道好きの子がいなくて、その時、別の同じ考えをもった子との交流もやりたくて、この鉄オタ倶楽部に入りたいと決めました。

Q3　鉄オタ倶楽部に入って変わったことは？

まだ少しちょっと苦手ではありますが、自分からでも話していけるようになったところです。

Q4　あなたにとって鉄オタ倶楽部とは？

自分のもう一つの居場所みたいな感じだと思ってます。

そこで、いろんな子たちとも交流できるので、自分も楽しくやっていけていると思っています。

もし、これからも長く続くのであれば、もっと続けていきたいと思っています。

Nゲージにカメラをかまえる

 日野くん　　　　　　　　　　　　　　　（高校生）

Q1　鉄道の魅力を教えてください

　相違点や共通点がいっぱいあるところが魅力です。

　例えば近鉄とか京急は色合いが似ている、でも機器とか車両の顔は全然違う。

　阪急と東急は成り立ちから色合いから、何から何まで全然違うんですけど、今流行っているSDGsのラッピングをした車両を走らせているところが共通しています。

　相鉄・東急の新横浜線が開通したときに東海道新幹線と、阪急が一緒に動画に出て盛り上げていたり。

　あとは（駅や車内の）放送の内容ですね。

　本当に日本語の一つ一つでちょっと英語の表現の仕方が違っていたりとか、中国語とか韓国語、さらに三つ目、四つ目の言語が入ってきているとか、そこがちょっとずつ違うのも魅力です。

機器の違いを解説中

あと、鉄道に従事されている方々の一つ一つの所作であったりとか、マニュアルがちょっとずつ違っているところも魅力です。

＊鉄道会社の名称は発言のまま表記しています

Q2　鉄オタ倶楽部に入りたいと思った理由は？

　やっぱり一番思うのは、電車が好きな人同士でいろいろ話せるというところかなと思います。

　自分は小中高と来てるんですけど、ほとんど電車が好きな友達と会ったことがなくて、あんまり語り合える場がなくて。必要としてないのに、友達にいろいろばっと話してしまってちょっと引かれるということがありました。

　（鉄オタ倶楽部に）入って話ができて、楽しくやらせていただいております。

Q3　鉄オタ倶楽部に入って変わったことは？

　（鉄オタじゃない）友達と電車の話をするというのを、結構なくすことができたなと思っています。

　言っても、みんなでお出かけとか、行事でどこかへ行く時にこう行ったらいいんじゃないのというふうに提案したりとか、何で好きなの？と聞かれた時に、ワッて話すくらいはあるんですけど、関係なく話すことは完全になくすことができた。

　ここに入れてよかったなと思ってます。

Q4　あなたにとって鉄オタ倶楽部とは？

　同志と一緒に話して、学ぶこともできる場かなというふうに思ってい

ます。

　ぼくが入ってから、例えばVVVFインバータ🚌14とかA更新🚌15とか、あとトプナン🚌16とか、ぼくの知らない単語ばっかりいっぱい出てきて、何ていうんでしょう…井の中の蛙みたいな感じでぜんぜん外の世界を知らなかったなと。

　他の人と関わってなかったんで、ぜんぜん自分の知識がすごい本当に限定的なものなんだなっていうふうに思ったので、こうやってちょっとずつ増えて一緒に勉強できてるな、勉強してどんどん知識を蓄えていけてるので、ここに来て本当によかったなと思っています。

まるはちくん　　　　　　　　　　　　　　　（高校生）

Q1　鉄道の魅力を教えてください

　鉄道ファンではない方では見つけられないような、ちょっと細かい形態差を見つけることが魅力だったりします。

Q2　あなたにとって鉄オタ倶楽部とは？

　まわりに鉄オタの友達がいない自分にとっては、生きがいみたいなものです。

14　鉄道車両が走行するために必要な制御装置の一種で加減速時に音階を奏でる
15　現在近鉄電車で行われている既存車両の更新工事のことを示す。内装も今までのより結構雰囲気が変わり、前面の顔つきも変わった
16　トップナンバー。その型の車両の1番目に製造されたことを示す

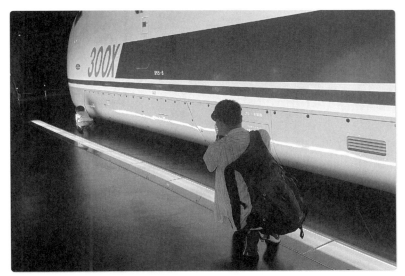

入館してすぐに撮影開始

 大輝くん　　　　　　　　　　　　　　　　　　　（高校生）

Q1　鉄道の魅力を教えてください

　鉄道は、みなさんの通勤通学とか生活の足。それを趣味として楽しむ。

　写真を撮るのも、乗るのも、はたまた電車の音をじっくり聞くのも楽しみ方の一つです。

　架空の鉄道会社を考えて、それをパソコンや紙に書いて記録を残すという楽しみ方も。

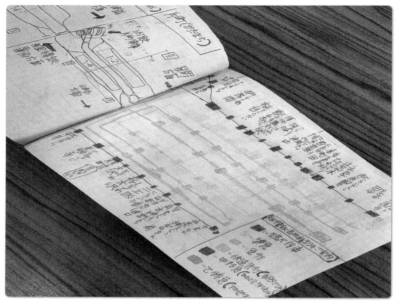
架空の鉄道路線図

Q2　あなたにとって鉄オタ倶楽部とは？

　居場所、ぼくらの居場所っていうのかな。そんな感じかな。

　鉄オタ倶楽部をやっている最中はいっぱい電車の話とか好きなことの話ができるし、趣味の合う友達がいるし、あと、帰りね、近鉄奈良の駅とか大和西大寺の駅とかそこで電車をずっと見たり、写真を撮ったりできるのがいいと思います。

　あとはですね、教育大学から歩いて5分、10分それぐらい行くと、中古ショップがあるんですよ。

　そこで売られているプラレールとか見あさったりすることは、楽しみの一つなんじゃないかなと我ながら勝手に思っております。

咲人くん　　　　　　　　　　　　（卒業生サポーター）

Q1　鉄道の魅力を教えてください

車両の形式で、デザインが違ったり、モーター音が違ったりするところです。

Q2　あなたにとって鉄オタ倶楽部とは？

自分の趣味を共有できる場所だと思っています。

春は桜とともに

［編集：小松　愛］

＊2023年に行ったインタビューを編集しています。学年の表示はインタビュー当時のものです。

COLUMN

「居場所」があること
「仲間」がいること

　私は「奈良教育大学鉄オタ倶楽部」がスタートした2年目からスタッフとして活動に参加しています。今回インタビューに答えてもらったメンバーのほとんどが「先輩」です。そんな鉄オタの先輩たちの集まりに、鉄オタではない私が混ぜてもらっています。しかし、居心地が悪いかというとそうではありません。彼らが盛り上がっている話はほぼ理解していないのに、妙に居心地がよいのです。どうしてなのでしょう…？

　インタビューの中に、『あなたにとって鉄オタ倶楽部とは？』という問いがあります。その答えとして「居場所」と表現したメンバーがいました。鉄オタ倶楽部の定例会に参加し、生き生きと目を輝かせて好きなことを話している彼らの姿を見ると、まさに「居場所」という言葉がしっくりきます。

　鉄オタ倶楽部は誰が明言したとかルールとして強制したとかではなく、自然と"否定しない"雰囲気があります。お互いに好き勝手話をして、時にキツイ言い方もしますがケンカに発展することはなく、それぞれの個性を受け入れているような印象です。大人の社会でも難しいことを、子どもたちは自然にやってのけ、同じ鉄道好きという同志として認め合っている。素敵な関係性だなと思います。そして鉄道知識のない私にも、「それ何なん？」「教えてー」と聞くと嫌な顔一つせず、想像の10倍の知識を教えてくれます。またおもむろに近付いてきては、自分が撮影した写真や編集した動画、

ゲットしたNゲージの車両を披露して去っていきます。その自由さと寛大さが、なんだか癖になり、今では毎回の集まりが楽しみになっています。インタビューを通して、彼らにとっても鉄オタ倶楽部は居心地のよい、安心できる場所として認識されていることを知り、うれしく思います。

人は「安心感」や「安全感」、「居場所」があることが大切だと言われています。それはその人にとっての土台となり、自己実現に向けていろいろな場面で頑張る力の源になります。好きなものがあることはもちろんですが、それを共有できる相手がいること、受け止めてくれる場所が、子どもたちの土台をより強く逞しいものにしてくれると思っていま
す。また、発達障害の人の特徴として「他者に無関心」や「対人関係が苦手」といった情報をたびたび耳にすると思いますが、それは「部分的に」なのかなと、彼らと一緒に過ごしていて感じることがあります。鉄オタ倶楽部での彼らは自分の興味・関心を共有したいし、魅力を語り合って共感したいし、一緒に楽しめることを喜びとして感じ取っている。学校や社会で生きづらさを感じやすい彼らだからこそ、同じように好きなものを語れる相手がいること、好きなものを否定されないことは大きな支えになるのだろうと思います。そして、同等に語れなくても、その子の世界をわかろうとしてくれる他者の存在も十分支えになっているのではないかなと思います。

COLUMN

　「居場所」があって、「仲間」がいること。それは人としての成長も促してくれる気がします。私が初めて定例会に参加した数年前は、メンバーのほとんどが小中学生で、大人がサポートして軌道修正をしないと収拾がつかない状態でした。各々好きな車両や好きな愛で方があって、「自由！」というような。それが今では、集まったときの自由度はそんなに変わらない印象ですが、それでも幅広い年齢層がいますので年下のメンバーを気遣ったり、また年に1、2回あるプレゼンや発表会に向けてチームとして共同作業をしたりリーダーシップを取ったりすることができるようになってきました。休みの日には連絡を取り合い、一緒に撮り鉄をしたり、個人で撮影した写真や動画を送り合ったり…。好きな鉄道が絡んでいるからこそかもしれませんが、仲間と共に、役割を意識したり他者を気遣ったりする姿が見られ、本当に頼もしくなりました。

　鉄オタ倶楽部に参加するメンバーに限らず、すべての子どもたちにとっての「居場所」は、好きなことを否定されない、自分の存在を否定されない、そんな場所なんだと思います。社会とつながることが不器用な子どもたちが、「ここはなんだか受け入れてくれる人がいるぞ」と思えるような「居場所」を見つけられること、そんな「居場所」が、子どもたちのまわりに増えることを願います。

小松　愛［こまつめぐみ］
奈良教育大学特別支援教育研究センター

サポーターから一言

　鉄オタ倶楽部は「こだわり」を強みとして発揮できる場所になっていると思います。活動している時のメンバーの方々は和気あいあいとされていて、お出かけの予定を決める中で鉄道に関しての冗談を言い、ツッコむ場面も見られるなどして楽しそうです。発表会では、事前に原稿を書き上げ、仲間と知識を出し合い役割分担をしながら協力して準備し堂々と発表しておられました。

　そんな姿を見て、私は子どもたちそれぞれに活躍できる場所づくりが大切であると感じました。鉄道オタクではない私も鉄オタのメンバーの熱量のおかげで毎月楽しく活動させていただいています！

［鈴木小百合］
　すずきさゆり

　私は現在大学生で鉄道に詳しいわけではないのですが、メンバーのみんなは初めて会った時から鉄道についてさまざまなことを教えてくれ、優しく輪に入れてくれました。活動中は目をキラキラさせて鉄道について語り合っており、毎月新しく撮りに行った鉄道の写真などを見せてくれるので、今回はどんな話が聞けるのかと楽しみにさせてもらっています。また、発表会やお出かけの計画を話し合う時には年長のメンバーが年下のメンバーを気遣う場面なども見られ、いいチームワークだなと感心すると同時に、学生のうちから鉄道という共通の趣味を通して年齢を超えた気の許せるコミュニティがあるメンバーをうらやましく思います。

［鈴木そら］
　すずきそら

高校教員という立場で鉄オタ倶楽部に参加して

　私は、鉄オタ倶楽部が始動した当初からサポーターとして参加しています。参加した理由は、当時の管理職がサポーター募集の案内を教えてくれたこと、さらには高校でも発達障害や学習障害など、さまざまな問題を抱える生徒が増えている中で、どう対応していくかを私自身が学ぶ目的で始めました。この活動を通して生徒対応のあり方も学ぶことができましたし、さらには子どもたちの集団行動、助け合いなどさまざまな成長を身近で見ることができ、私自身の成長につながっていると感じています。

［増田健一］
　ますだけんいち

Part 3

活動からみえる子どもたちの思い・願い

富井奈菜実
［とみいななみ］

（1）「こだわり」の姿の中にある子どもたちの思い・願い

　鉄オタ倶楽部の活動では、「こだわり」とされる行動をありのまま受け止め、背景にある子どもたちの思いや願いに注目し、大切にしています。ここでは表面上ではわかりにくい、彼らの内なる思いについて、子どもたちの語りからまとめてみたいと思います。
　はじめに、鉄オタ倶楽部に入りたいと思った理由について、前章のインタビューの回答をみてみます。

　「中学生の頃、あまり同じ鉄道好きの子がいなくて、その時、別の同じ考えをもった子との交流もやりたくて、この鉄オタ倶楽部に入りたいと決めました。」　　　　　　　　　　　　　　　　　　　　（Fくん, p.38）

　「やっぱり一番思うのは、電車が好きな人同士でいろいろ話せるというところかなと思います。

自分は小中高と来てるんですけど、ほとんど電車が好きな友達と会ったことがなくて、あんまり語り合える場がなくて。必要としてないのに、友達にいろいろばっと話してしまってちょっと引かれるということがありました。」
（日野くん, p.41）

　鉄オタ倶楽部の子どもたちのもつ鉄道の知識は広く深いもので、その熱量もずば抜けていますが、それと同じ水準で語り合うことは、日常生活ではなかなか成立しにくいことがわかります。相手にかまわず話して引かれてしまった、という本人にとっての失敗談もそれをよく物語っています。
　2人の語りからわかること、それはやはり、鉄道を熱く語り合える仲間が欲しい、という願いをもっているということです。
　また同様の願いは、鉄オタ倶楽部を設立して間もない頃に子どもたちに聞いた「同じ趣味をもつ仲間との活動は一味違いますか？」という問いの答えからも確認することができます。「すっきりする」「学校とかに少しでも話せる人がいなかったからこういうのがあってうれしい」「自分と気が合うので、たくさん話もできたため、かなり違った」「同じ趣味の人は話をすると自分の話がわかるので楽しいです」、そんな回答が出てきました。
　これらの言葉からは、好きなものを共有できる仲間ができたことに、確かな手応えを得ている様子が伝わってきます。「すっきりする」という表現には、やっと仲間に出会えた、そんな思いが込められているのではないでしょうか。また「同じ趣味の人は話をすると自分の話がわかるので楽しいです」という言葉からは、自分の話をわかってもらえたという経験ができていることが読み取れます。

このように彼らの鉄道への強い興味・関心の中には、仲間が欲しい、語り合える「場」が欲しいという思いや願いが内包されていることがわかりました。当たり前のようにも思えますが、コミュニケーションに課題がある、と言われる発達障害児者の理解においては見過ごされやすい事実かもしれません。他者とつながり合うことを願うことは、障害の有無に関わらない共通の願いなのです。

　また一方では、普段の仲間関係においては、鉄道の話は引かれてしまう要素になったり、わかってもらえなかったりしていることも見えてきます。決して周囲が悪いわけではありませんが、子どもたちの側からすると満たされない思いがあることがよくわかります。

　ここでもう一度、前章のインタビューから、「あなたにとって鉄オタ倶楽部とは？」という問いの答えに注目してみます。

「まわりに鉄オタの友達がいない自分にとっては、生きがいみたいなものです」
（まるはちくん, p.42）

「居場所、ぼくらの居場所っていうのかな。そんな感じかな。」
（大輝くん, p.44）

「自分の趣味を共有できる場所だと思っています。」　（咲人くん, p.45）

　いつもハイテンションで、ただただ楽しそうに過ごしている子どもたちですが、鉄オタ倶楽部は「趣味を共有できる場」であり、それは彼らにとって「生きがい」や「居場所」として根づいているようです。ここなら、この仲間なら、わかってくれる、そんな思いが詰まった言葉だと

思います。もっと言えば、ここでは鉄道の話をすれば「すげ〜」とほめられ、「いいな〜」と、うらやましがられたりもします。そんな仲間、場所、体験はきっと、彼らの日々をより豊かにしてくれるはずです。

（2）「他者」の存在

　自閉スペクトラム症（以下、ASD）のある人は、コミュニケーションの「困難さ」があるといわれます。例えば前章で日野くんは、"鉄道の話を一方的に話して、引かれてしまった"というエピソードを話してくれました。他のメンバーにも、同様のエピソードをもつ人がいると思いますし、ASD児者の特徴として説明されることがあります。

　鉄オタ倶楽部の活動の中でも"一方的に話す"という姿は見られます。ですが、それは「困難さ」として切り取られるような姿ではありません。

　鉄オタ倶楽部設立当初、帰り際の子どもたちから「今日は鉄分[17]多めやったわ〜！」という言葉を聞きました。「うまいこと言うな〜」と思ったものですが、鉄分豊富なこの空間は、無条件に自分の"好き"を受け入れてくれるなんとも居心地のいい場になっているのだと思います。だからこそ、安心して思い切り話しているのであり、一見双方向のやりとりには見えなくても、仲間は強い関心をもって話を聞いてくれています。仲間の活動を聞けることもまた、彼らのよろこびなのです。

　このように好きなものを共有する場の中では、コミュニケーションの「困難さ」はそう目立ちません。むしろこの場において見えてくるのは、豊かに他者との関係を築いたり、他者を思い合ったりする姿です。

17　鉄道成分のことを示す。その成分が濃いほど「鉄分が濃い」と言う

仲間のために

　鉄オタ倶楽部が創設されてすぐの頃、チーム「撮り鉄」で発表会準備のための撮影会＠京都駅に出かけました。

　集合してすぐに日野くん（当時、小学校高学年）が私のところにやってきて「あの…今日の京都駅発着の電車の時刻表をまとめてきたんですけど…」と、自作の時刻表（**写真17**）をこそっと見せてくれました。その緻密さに驚いていると「あの…咲人くんとミナミさん（当時、どちらも中学生）の分も作ってきたんですけど、渡しても大丈夫ですかね…」「ちょっと恥ずかしいんで、先生から渡してもらえたらと思うのですが…」との相談がありました。この時は、まだお互いをそこまで知らない状態だったので、直接渡すのは緊張や不安があったのだろうと思います。

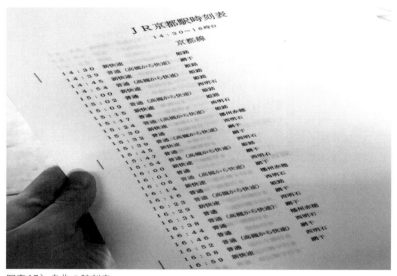

写真17）自作の時刻表

おそらく日野くんは、時刻表があればみんなも行動しやすいかな、お目当ての電車を撮る時の役に立つかな、といろいろ考えて準備をしてきてくれたのだと思います。ただ撮影ができればいい、というわけではないのです。日野くんの中に「仲間」の存在が強く位置づけられていたことが、よくわかります。

自然な気配り

　もう一つ、仲間思いな彼らを表す印象的な出来事がありました。

　成果発表会直前のこと。チーム「プラレール改造🚌18」では、改造プラレールの走行動画の撮影が済み、あとは動画編集が得意な長瀬くん（当時、高校生）が制作する動画をもとに、プレゼンの原稿を作るというミッションが残されていました。本人たちは「プレゼンは臨機応変にやればいいっしょ〜！」と謎の余裕を見せていましたが、発表会3日前になってもまだ長瀬くんから動画が届いていないピンチな状況。私は急遽Zoomで集合するよう指令を出しました。すぐにお互いの日程を確認してくれ、発表会2日前の夜19時に全員で集まる約束ができました。

　しかし、です。当日、約束の時間になっても肝心の長瀬くんだけ入室してきません。私はまるはちくん（当時、高校生）にLINEを通じて長瀬くんの状況を確かめてもらいました。すると、まるはちくんから「あいつ今放出(はなてん)で撮影しているらしいわ‼」という衝撃の報告が…（笑）。どっと笑いが起こりましたが、私は翌々日に成果発表会が迫る中、かつ遅い時間に子どもたちを集めていたこともあって、今からなんとかできないものかと思い、まるはちくんに「ちょっと長瀬くんに電話してみて

18　既存の製品から全く別の車両を作ったり車両の色を変えたりすること

くれない？ もし動画を送れるようならすぐにでも送ってって伝えてほしい」とお願いしました。すぐにまるはちくんをはじめとしたメンバーは、グループLINEを通じて長瀬くんに提案をしてくれましたが、やはり撮影先からはどうすることもできず、それ以上準備を進めることは難しい状況になりました。

　その時の私は「この場をどうしよう…」と悩み始めていたのですが、そこにいた子どもたちは、"撮影しているなら仕方ない"といった様子、かつ"どうにかなるでしょ！"と余裕さえもっているような和やかな雰囲気でこの状況を受け止めているように感じられました。遅い時間に集められて待たされているという状況であるにもかかわらず、誰一人、長瀬くんを責めることもしませんでした。彼らにとってそれは大した問題ではなく、むしろ、撮影に集中している長瀬くんの思いが最優先なのでしょう。だからといって我慢している様子でもなく、ごく自然な気配りでした。

　このエピソードに限らず、鉄オタ倶楽部の集団は平和でもめごとは起こったことがありません。同じ趣味を共有する仲間だからこそ、仲間の思いや気持ちもよくわかるし、お互いにそれを尊重し合って過ごしているようです。

　ちなみに…。最終的にプレゼン準備は成果発表会当日の朝に行うことになりました。ここでも長瀬くんは時間ギリギリの到着でしたが、きちんと動画を作ってもってきてくれました。そして、みんなでその動画を数回観ただけで、プレゼンは結局「臨機応変」になったのでした。それでも何度かの成果発表会を経験してきた彼らは見事に会場をわかせ、無事にプレゼンを終えました。仲間がいればなんとかなる、そんなふうにとらえてくれていたらいいなと思っています。

鉄道沼[19]にはまりませんか

　さらにもう一つ、鉄オタ倶楽部の活動において欠かせない「他者」は、発表会に来てくれる「お客さん」です。発表会には、子どもたちの家族や支援者（学校の先生など）を中心とした、たくさんのお客さんが来場してくれます。その中には鉄オタの人もいますが、ほとんどは「素人」です。「鉄道素人にもわかりやすく！」を合言葉に、目の前にはいない「他者」を意識しながら、発表の準備を進めています。

　例えばKINくん（当時、小学校高学年）は、初めての発表会で、電車のモーター音をいくつか聞かせ、車両やエンジンを製造しているメーカー名を当てさせるクイズをしてみたい、という希望をもっていました。ジャンルとしては「音鉄」です。鉄オタ倶楽部らしくておもしろいのですが、なかなかのマニアックさです。そこでKINくんには、「マニアックすぎてお客さんがついてこれないと思うから、お客さんが楽しめるような内容を考えてほしい」とお願いしました。KINくんは「そうですね」と納得してくれ、サポーターと一緒に、モーター音の違いを解説するという案を考え、発表しました（写真18）。これもマニアックであることに変わりはないのですが、解説という内容であったため、普段モーター音を気にかけることがない素人には大好評。KINくんも手応えがあったようで、発表会後は安心とよろこびに満ちあふれていました。

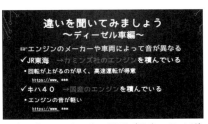

写真18）モーター音の解説（発表スライド）

　そのほか、発表資料に凝る人

19　沼にはまる。ある一つのジャンルにのめり込むこと

写真19）クイズ企画のスライド

たちも多いです。例えばクイズでは、冒頭にリード文を入れて"わかりやすさ"を工夫したり（写真19）、アニメーションを挿入してワクワク感を演出したりしています。また、本書の冒頭でも紹介したような、お客さんを盛り上げるための工夫や企画も考えてくれています。その中でも大好評だったのは、オリジナルの硬券[20]を作って、会場への"入場券"とした演出です（写真20）。これはお客さんに、よりよろこんでもらうための企画を考えてもらった際に、子どもたちから出てきた素敵なアイデアです。お客さんからは、「懐かしいわ〜！」「こんなん初めて見た！」など、たくさんのリアクションをもらうことができ、子どもたちも大満足でした。

　発表会が終わった後には、振り返りの機会を設けています。子どもたちは自然に、「もう少しゆっくり話せばよかったなと思います」「さらに詳しい情報や、その時の状況を加えたほうがいいと思う」「解説をいれたほうがよかった」など、聞く側の立場に立って省みていました。また、お客さんにも発表会の感想を書いていただいており、それも子ども

20　ICカードや磁気切符が発達する前に当たり前のように存在した小さな厚紙の切符

たちに読んでもらっています。そうした意見も取り入れつつ、次の発表会に向けて目標を立てたりしています。

「それマニアックすぎるで」「もっとこうしたほうがいいんちゃう」といった言葉が、子どもたちの間で飛びかうこと

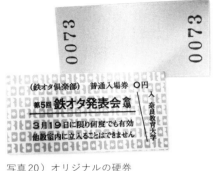

写真20）オリジナルの硬券

も少なくありません。私たちがそう働きかけていることもありますが、子どもたちの密かなミッションは、素人を鉄道沼にはめることにあったりもします。そうした子どもたちの動機や願いに応えるものとして、発表会が位置づけられており、結果として、自然と他者に配慮するようになっていく、そうとらえることもできるのではないかと考えています。

鉄オタ倶楽部の「ソト」の生活でも

鉄オタ倶楽部での経験は、鉄オタ倶楽部の「ソト」の生活にも変化を与えているようです。

前章におけるインタビューでの「Q3 鉄オタ倶楽部に入って変わったことは？」という質問の答えです。

「まだ少しちょっと苦手ではありますが、自分からでも話していけるようになったところです。」（Fくん, p.39）

「（鉄オタじゃない）友達と電車の話をするというのを、結構なくすことができたなと思っています。

言っても、みんなでお出かけとか、行事でどこかへ行く時にこう行ったらいいんじゃないのというふうに提案したりとか、何で好きなの？と聞かれた時に、ワッて話すくらいはあるんですけど、関係なく話すことは完全になくすことができた。

ここに入れてよかったなと思ってます。」 　　　　　　（日野くん, p.41）

　Fくんは、まだ苦手さを感じながらも、以前に比べて他者に話しかけるようになったという変化を、日野くんは、"引かれてしまった"という苦い経験を振り返った上で、それを"なくすことができた"と、それぞれ自分自身でとらえています。鉄オタ倶楽部がソーシャルスキルを育む場として機能していると言えるのではないかと思います。自分のことが受け入れられたという経験は、他者との関係性をより広げることや、適当な振る舞い方を実感をもって理解していくことを、自然と促していくとも言えるでしょう。

（3）自分づくり

　鉄オタ倶楽部という場は、学童期から青年期にあたる子どもたちの自分づくりにおいてどのような意味をもっているのでしょうか。保護者の語り（「Part4　保護者の思い」）や、いくつかのエピソードから考えてみたいと思います。

自分らしく

「鉄オタ倶楽部以外の子どもたちには、ちょっと気を使ってしゃべっている感じがありますね。（中略）でも、鉄オタ倶楽部の子どもたちと話し

ている時は自然体というか、素の自分というか。鉄道の話題に限らずそういうふうに話していて、すごく積極的で楽しそうに見えます。」

(岡本さん, p.77)

「鉄オタ倶楽部に入るまではどちらかというと、鉄道が好きなことを学校のみんなには隠していました。ちょっと恥ずかしいという気持ちもあったのかもしれません。でも、鉄オタ倶楽部に入ってからは、学校でも鉄道が大好きと公言するようになって、鉄道の知識も自信をもって話すことができるようになりました。それが本人の強みになって、さらに自信をもってお友達とのコミュニケーションがとれるようになったと感じています。」

(岡本さん, p.73)

「鉄オタ倶楽部の1回目に参加した時、まわりのみんながVVVFがとか、私たちが知らない言葉をポンポン話しているのを見て、息子の姿勢がピンとなって（笑）。すごくキラキラした感じがあって、鉄オタ倶楽部に参加できたことはすごくいい出会いだったと思います。『好き（を）出していんや』みたいな、ね。」

(池田さん, p.70)

　これらは、子どもたちのお母さん方の言葉です。私たちの目からは、いつも気ままに楽しんでいるように見える子どもたちですが、鉄オタ倶楽部の「ソト」では、鉄道が好きな自分を出せなかったり、セーブしたりしていることがわかりました。それはそれとして必要な社会性とも言えるかもしれませんが、極端に"自分らしさ"を隠す、あるいはそうしないといけないと思っている場合には、あまりよい状況とはいえないでしょう。対して鉄オタ倶楽部では存分に好きを出し、「素の自分」でいてくれているようです。そしてそのことは自分は自分でよい、という自

信にもつながっているようです。

　ASDのある子ども・人たちの中には、自信を失い、自分らしく過ごすことに困難を抱えている場合も少なくないと思います。「好き」が無条件に受け入れられる場があること、楽しみを分かち合える仲間と集うことは、自分らしく生きていくことにおいて、非常に大きな役割をもっているのではないでしょうか。

助けてもらう立場から、助ける立場へ
　鉄オタ倶楽部のメンバーは18歳を過ぎると、いったん卒業となります。そして卒業後は希望に応じて、サポーターとなって後輩たちの面倒をみる立場になってもらっています。また現役メンバーであっても、先輩として年下のメンバーの手伝いをしてもらうことも多くあります。
　そのような経験の中で、以前、あるお母さんから「これまでの生活や普段の生活では、うちの子は助けてもらう立場でした。ですが、ここでは先輩として、後輩を助ける立場になっています。その経験は本人の自信になっていると思います」というお話を聞かせていただいたことがあり、とても印象に残っています。ここでは、マニアックな知識や技術は大いに人の役に立ちます。私たちスタッフも「悪いけどお願い～」と彼らを頼ってばかりです。得意なことを活かして人の役に立つこともまた、自信を育む上で重要な要素になると言えます。

ライバル視してるねん
　鉄オタ倶楽部では「憧れ」もキーワードになっています。
　学生の卒業論文に協力してもらう目的で、数人のメンバーの話を聞か

せてもらっていた時のことです。えいとくん（当時、中学生）は、日野くん（当時、高校生）について「結構ライバル視してるねん（笑）」と、2つ上の先輩日野くんをライバルとしてみていることを告白してくれました。まわりにいたみんなは「えーそうなんや！」と驚いていましたが、一番驚いたのは日野くん本人。「まじで？ そうなん（笑）？」と、うれしそうに笑っていました。続けてえいとくんは「（ルートなどを考える際）結構値段とかも調べて出してくれるやん？ そこまでしてくるか〜っていう。ちょっと自分よりもすごいか〜っていう」と、日野くんの緻密なリサーチ力に尊敬の念を抱いていると教えてくれました。

　すると、他の人たちもそれに共感し始め、さらにはお互いのすごいところを次々に言い合ったりしていました。みんな少し照れくさそうにしていましたが、お互いの思いを知るよい機会となりました。

　日野くんは"鉄道の話を一方的に話して、引かれてしまった"というエピソードを語ってくれたメンバーです（「Part2 子どもたちに聞いてみました！」）。鉄オタ倶楽部の「ソト」では引かれてしまった自分が、ここではライバルとして対等にみられ、さらには、尊敬もされているのです。自己理解においては、大きな転換とも考えられます。ここにいる仲間を通して、いろんな自分を発見できることも、鉄オタ倶楽部の意義の一つではないでしょうか。

　また、発表会の振り返りでは、「自分はまだまだだと感じた」「もっと人々に鉄道について興味をもたせられるような発表がしたい」と、自分を客観的に見つめ、こんなことができるようになりたい、こんな自分になりたい、と願う姿も見られています。

　「あの人はすごい」と仲間を見て憧れ、「こんな自分になりたい」と自

分のなりたい姿に思いをふくらませている子どもたち。そして、他者に頼られ、憧れをもってもらえること。それらは自分づくりの根源になる、大切な要素であると思います。他者との付き合いで苦労してきた彼らにとっては、なおさら大事なことです。

（４）「好き」を軸にすえた活動の意義

　私たちは鉄オタ倶楽部のような活動、言い換えると子どもたちが大好きなことにとことん打ち込み、仲間と集う場が、全国各地に創られてほしいと願っています。子どもたちやご家族のニーズも強くあると感じています。例えば、教育現場においては、特別支援学校や特別支援学級での総合的な学習の時間やクラブ活動、通級指導教室でのソーシャルスキル形成のプログラム等として活用できるのではないでしょうか。
　他にも、福祉施設等における集団活動や余暇支援活動としても取り入れられるのではないかと思います。一方、鉄オタ倶楽部は大学という場所で実施している活動であるため、同じことをそのまま実施するのは難しい、というご意見もあるかと思います。ですが、「好き」を軸にすえた活動ととらえれば、それぞれの場にあわせてアレンジできるのではないかと思っています。そのための活動の要素や意味を、本書で紹介しています。
　ここまで述べてきた通り、子どもたちは「好き」が無条件に受け入れられるこの場所で、安心して自分らしく過ごすことができています。また鉄オタ倶楽部という場を「生きがい」や「居場所」というように、生活の中で欠かせないものととらえています。うまく自分を表現できなかったり、遠慮したりして、他者との関係づくりで苦労を重ねてきた子

どもたちやご家族にとって、自分らしく過ごすことができる場であること、自分らしさを保ったまま他者との関係を豊かに築けることが鉄オタ倶楽部の意義ではないでしょうか。

またそうした場において、自分自身への手応えが積み重なる中で、"もっとすごい自分になりたい""あの人みたいになりたい""もっと多くの人に鉄道の魅力を伝えたい"という願いがさらにふくらんでいくのだと思います。そして、その結果として、ソーシャルスキルや、自分の行動を調整する力などが育まれていくのです。

最後に、鉄オタ倶楽部の子どもたちのイキイキした姿を見ることは、とてもうれしく、活動がある日は「今日はどんなおもしろいことが起きるかな」と楽しみなほどです。にぎやかな人たちで、くたびれることもあるのですが、実践する側も楽しいということもまた、この活動の肝になっていると思います。

注 1)「子どもたち」という表記：メンバーの中には、現在は成人になって卒業生サポーター・OBになっている人もいますが、本書では、彼らを含めた子どもメンバーを総じて「子どもたち」と表現しています。
  2) 本章の一部は、以下の論文に基づいています。
  ● 富井奈菜実・大西貴子・中西陽・小松愛・根來秀樹（2020）「自閉スペクトラム症の「こだわり」を生かした『奈良教育大学鉄オタ倶楽部』の取り組み」 奈良教育大学紀要 第69巻 第1号（人文・社会）pp.1-14.
  ● 富井奈菜実（2023）「鉄オタ、集結〜奈良教育大学鉄オタ倶楽部に集う子どもたち〜」『みんなのねがい』No. 695、pp.36-38.
  ＊「自然な気配り」(pp.55－56)のエピソードについて：本エピソードは富井(2023)にも収録されていますが、一部、子どもの発言を誤解し記載していた箇所があることがわかりました。本書ではこれを訂正したエピソードを収録しました。

COLUMN

医療の立場からみた「鉄オタ倶楽部」

医療モデル

　医師・医療従事者は患者さんを前にすると、その［症状］から、［診察や検査］などを行い、［診断］を確定させて、それに応じて［治療］を行うのが一般的です。

　例えば、発熱や咳などの症状から、聴診などの診察を行い、胸のレントゲン検査、血液検査や痰の培養検査を行い、細菌性肺炎という診断を確定させ、効果がありそうな抗生物質の点滴や内服の治療を開始するというプロセスになります。これが一般的な医療モデルによる介入になります。精神科は内科や外科などと違うだろう、と思われるかもしれませんが、精神科も医療として位置づいている限り例外ではありません。治療には仮説が含まれますが、うつ病や統合失調症の治療もこの医療モデルにそって行われてきました。

神経発達症における医療モデル

　医療モデルの出発点である［症状］は、当然ながら、咳や発熱などの困りごと、本人や周囲にとってのマイナス要因です。困りごとがあるから、病院を訪れ、それをきっかけに医療的な介入が始まるわけです。

　神経発達症がある子どもたちも当然ながら、困りごとがあるから病院を訪れます。もちろん本人はあまり困っていないケースもありますが、その場合も周囲は困っていたり、気になっていることが多いでしょう。

　神経発達症の［症状］は、一例をあげると、こだわりの強さ、かんしゃく、多動、不注意などがあります。

医療者側は医療モデルに従って、このマイナス要因に薬物療法、環境調整や心理社会的介入を行うわけですが、既述した他の疾患のような、診断がつけば、明らかにエビデンスがある治療法があるわけではなく、それぞれの子どもに合わせて臨機応変に対応せざるを得ないのです。

　そもそも先ほどあげた症状は一般的によく言われる特性の凹にあたるのでしょうが、神経発達症の支援には凸の活かし方がカギになるので、凸をうまく利用する、凸を伸ばすという視点が非常に重要です。また一見、凹にみえるような特性・症状が、場面が変われば凸になるようなことも多く経験します。例えば、こだわりが強い子どもが特定のことには非常に集中する、衝動性の高い子どもがよいアイデアを次々に提案するなどがあります。これらは一般的な医療モデルには当てはまらず、そもそも医療として行うにはいくつものハードルがあります。

鉄オタ倶楽部誕生
　医療機関で長く勤めていたぼくやまわりの医療従事者は、これらに限界を感じながら、またモヤモヤしながら、それでも年々増加する神経発達症がある子どもたちの診療にあたってきました。

　ぼくが奈良教育大学に異動し、特別支援教育研究センターに所属して間もなく、旧知の大西貴子先生から鉄オタ倶楽部の"種"のような話を打ち明けられました。ぼくは全く悩むことなく、その企画にすぐにOK

COLUMN

を出し、その"種"はスタッフの助けを借りて、すぐに具体化され、大きな"樹"になっていきました。ぼくがすぐにOKを出したのは、最初にお聞きした時から、この企画は凹を凸として利用する、さらに同時に社会性を育み、凹の補強の可能性すら存在する長年のモヤモヤを晴らしてくれるような内容だったからです。当然、実際の運営にはたくさんの困難な点がありましたが、それでも最初にお聞きした時のワクワク感がずっとぼくの中で保ち続けたことを今でも覚えています。

　この企画が少しずつ修正を加えながら、今でも特別支援教育研究センターで続けられていることは、大変うれしいことだと思います。また、鉄オタ倶楽部のスタート時から応募してきていただいたたくさんの方々、そしていろいろな場所でこの企画をご紹介していただいた方々に深く感謝いたします。

根來秀樹 [ねごろひでき]
一般財団法人信貴山病院ハートランドしぎさん副院長
こどものこころ診療センターセンター長

保護者の思い

　保護者から見て、日常生活において、鉄オタ倶楽部がどのような存在になっているのか、4名の保護者の思いを聞かせていただきました。

インタビューに協力してくださった保護者のみなさん 》》》

岡本寿子
おかもととしこ

子ども：高校生
撮り鉄
乗り鉄

中之瀬麻子
なかのせあさこ

子ども：中学生
撮り鉄、乗り鉄
特に路線図が
大好きな路線図鉄

池田有美
いけだゆみ

子ども：卒業生サポーター
撮り鉄
乗り鉄

堀井真理子
ほりいまりこ

子ども：高校生
撮り鉄、乗り鉄
音鉄
アナウンスが好き

インタビュアー 》》》富井奈菜実

QUESTION 1
鉄オタ倶楽部に入りたいと思った理由を教えてください

池田 》》》 私の息子は物心がついた頃から、鉄道がすごく好きでした。家の真横を線路が走っているので、日常的に電車を見る機会があったんで

すね。息子は電車が好きだったんですけど、まわりは鉄道好きな子があまりいませんでした。しかも、息子の話す内容がどんどんコアな内容になっていくんですね。ただ電車が好きなだけじゃなくて、VVVFがどうたらこうたらとか。そうなると大人でもその話題についていけなくなってしまって。だから、そういうお話ができる友達がいたらいいなと思って、インターネットで調べました。そうしたら、ちょうど鉄オタ倶楽部の募集開始を見つけたので、すぐ申し込んで入ったという感じです。

　それまでは鉄道に詳しくない人と話すことに対して、本人が物足りなさを感じているようでした。息子が一方的に電車のことをしゃべって、それでまわりがポカンとすることがよくありましたね。鉄道のことが好きなお友達も学校にはいたんですけど、コアな内容まで話せるという感じではなかったようです。

　鉄オタ倶楽部の1回目の定例会に参加した時、まわりのみんながVVVFがとか、私たちが知らない言葉をポンポン話しているのを見て、息子の姿勢がピンとなって（笑）。すごくキラキラした感じがあって、鉄オタ倶楽部に参加できたことはすごくいい出会いだったと思います。「好き（を）出していいんや」みたいな、ね。

堀井 》》 子どもが成長するにつれて、オタク度がすごく増していきました。小さい時は一緒に電車の写真を見たり、電車や鉄道会社の名前を覚えたり、その程度だったんですよ。それがそのうち、車両を数字とか記号とか番号で言うようになって、他にも「この電車の音は〇〇線のやつや」とか言うようになりました。そうなると、親はそんなマニアックな内容にもうさっぱりついていけないんですよね。でも、本人の特性的に、「自分の常識が人の常識」みたいなところがあるから、周囲に伝わらな

い・わかってもらえないことは大きなストレスだったと思います。

　そのような経緯で、どこかにわが子が満足して、いろいろ一緒に楽しめるような場所がないかとずっと探していました。やっと見つけて、まずは鉄オタ倶楽部の発表会に参加させていただいたんですが、それが楽しすぎたみたいで、入らせていただくことになりました。

　あと、ここの倶楽部は大人の方が関わってくださっていて、コミュニケーションがなかなかうまくいかない時もフォローしてもらえるのがいいなと思います。それに、一緒にいてくださる大人の方も鉄道が好きな方がたくさんいらっしゃるので、話が通じるのもすごくいいなと思いました。

岡本 》》》 子どもが鉄道好きだったのはもちろんですが、うちの場合は特に倶楽部を探していたとか、そういうことはなかったんです。けれども、たまたま子どもと出かけた先で募集のポスターを見させていただいて、子どもに、「こんなんあるよ。応募してあげようか？」と提案したんです。ちょうど同じ学校で、同じ鉄道の好きな子がいたので、その子と一緒に入ろうかという話になりました。

　参加させていただいて、うちの子よりもずっと鉄道のことを知っている方が多かったので、すごく知識をたくさんいただいているような気がします。

©大輝くん

QUESTION2

鉄オタ倶楽部で活動するようになってから、ご家庭や学校で変化したことはありますか？

中之瀬 >>> 私の息子は、まわりの人の気持ちを想像するっていうのがなかなか難しくて、特に子ども同士のコミュニケーションというのがすごく苦手だったんですね。相手が大人の方の場合は、息子に合わせてくださるので問題ないけれど、子ども同士だとそうはいかないので、トラブルになることもよくありました。

　どうしようかと悩んでいる時に、ちょうどこの鉄オタ倶楽部の案内を見つけたんです。それで同じ趣味をもつ子どもたち、それから似た特性をもつ子どもたちと交流する中で、息子が社会性を身につけたり、またこの鉄オタ倶楽部が居場所になるといいなというふうに思って参加させていただきました。

富井： コミュニケーションをとることが苦手で、社会性を身につけることをねらいとしていたというお話がありました。鉄オタ倶楽部に入って見られた変化を教えてください。

中之瀬 >>> 鉄オタ倶楽部に参加する中で、気の合う友達と共通の話題があると楽しいということに気づいたのか、学校でも同じような鉄道好きの同級生と話をするようになって、非常に友達が増えましたね。それがとてもうれしいです。

　家庭では、それまで全く興味をもってなかったLINEなんかを使って鉄オタの友達と交流することを楽しむようになって、自分から連絡する

ようになりました。それまでは自分から友達に連絡するなんてことが全くなかったので、とても大きな変化だと思っています。

岡本 》》》 鉄オタ倶楽部に入るまではどちらかというと、鉄道が好きなことを学校のみんなには隠していました。ちょっと恥ずかしいという気持ちもあったのかもしれません。でも、鉄オタ倶楽部に入ってからは、学校でも鉄道が大好きと公言するようになって、鉄道の知識も自信をもって話すことができるようになりました。それが本人の強みになって、さらに自信をもってお友達とのコミュニケーションがとれるようになったと感じています。

　家では一人でできることが増えたように思います。以前は何かにつけて「お母さん、これどう思う？」とか「これ持っていったらいいかな？」とか、そんなことばかりだったんですよ。そういうことをあまり言わなくなりましたね。心配性なところはまだありますけど、自分で考えたり、いろいろ準備したり、自分のすることに自信がもてるようになったと感じています。

©日野くん

池田 >>> 息子も鉄オタ倶楽部に行くようになってから、自分で電車に乗って出かけることができるようになりましたね。今までは家族の予定ありきで動くので、息子が電車に乗りたくても、「今日、仕事やから行けない」ということがよくありました。

　鉄オタ倶楽部のメンバーからいろいろ教わって、最初は近くに一人で出かけるところから始まり、今では名古屋や東京に泊まりで出かけることができるようになりました。一人で好きなようにできることが楽しくて仕方がないみたいです。私たちも自信をもって出していいかなと思えるようになりました。

　それから、鉄オタ倶楽部ではパワーポイントを使って資料を作って、人前で発表するっていう機会をいただきました。発表のために時間を費やしてスライドを作って、いろんな大人からアドバイスを受けて、また修正してということをしているうちに、パワポを作るっていうことを好きになったみたいです。今、息子は専門学校に通っていて、そこで学生のプレゼン大会があるんですよ。例えば、秋の遠足どこへ行こうかとかをプレゼンし合って決めるんです。その発表を先生とかまわりの子から「すげえ！」って言ってもらえたりして。今までは鉄道のことはマニアックですごいというのはあったんですけど、そうじゃなくて、こんなこともできるんだって自信をもてるようになったと思います。

堀井 >>> 鉄オタ倶楽部に集まる子どもたちはいろんな地域から参加していて、それぞれ活動範囲があるんですよね。メンバーと一緒に出かけるうちに、どんどん活動範囲も交友関係も広がっていきました。さらにSNSで鉄道好きな友達とつながるようになって、情報交換したり、約束して一緒に出かけたりするようにもなりました。

今は一人でどこへでも出かけるようになったので、とても毎日楽しそうにしています。初めの頃は、遠くまで行って夕方遅く帰ってきたと思ったら、駅にお土産を忘れるなんてこともありました（笑）。でもそのままにしておくのは教育的にはよくないと思って、一緒に駅に問い合わせをして、忘れ物を回収できるように手配して。そういうハプニングやその後のやりとりとかもよい勉強になっているように思います。

　あとは、ある先輩メンバーがうちの子よりちょっとお兄ちゃんで、彼にとって一目置く存在なんです。憧れているんですね。最初の頃、まだ遠くまで友達同士で行ったこともないような時に、一緒に都心部まで連れて行ってもらって、有名なラーメン屋さんでラーメンを食べてきたこともありました。兄弟よりもちょっと先に進んだことをやってのけたというので、家庭の中でも一目置かれたりして。それも彼の自信につながっているかなと思います。

©大輝くん

QUESTION3

"鉄道"を大切にして、学校の先生が取り組んでくれた工夫や実践はありましたか？

池田 >>> 小学校低学年の時はコミュニケーションがなかなか人ととれなくて、友達ができづらかったんですね。でも、電車へのこだわりが強くて、絵が上手ということに先生が気づいてくれて、息子の描いた絵を、席の横に貼ってくださったんです。授業がしんどくなったら見ていいよという配慮もあったのかもしれません。

その絵に気づいた子どもたちが「これ誰が描いたの？」みたいに集まってきてくれて、その中には鉄道が好きな子もいて「これは何を描いたの？」って関係が広がったこともありました。先生が彼の鉄道が好きっていう世界にちょっとでも足を踏み入れてくださったことが、私にはすごくうれしくてありがたかったです。

岡本 >>> 国語の時間に子どもたちで国語に関するクイズを出すという授業があったんですけど、うちの子は難読駅名をテーマにさせていただきました。子どもが考えた問題にクラスの子たちが答えてくれるので、あの子はいつも一生懸命難読駅名の問題を考えていました。

先生が彼の鉄道好きをうまく授業の中に取り入れてくださったし、それを生徒さんたちにも好意的に受けとめてもらうことができました。そういう配慮をしてくださったのはとてもありがたかったと思います。

QUESTION4

鉄オタ倶楽部が子どもたちの生活の中で
どんな存在になっているか改めてお聞かせください

岡本 >>> 鉄オタ倶楽部は、あの子にとってなくてはならない存在になっています。

　鉄オタ倶楽部以外の子どもたちには、ちょっと気を使ってしゃべっている感じがありますね。鉄道の話をするにもある程度は言葉を選んでいるし、接し方にも気を使っていると思います。でも、鉄オタ倶楽部の子どもたちと話している時は自然体というか、素の自分というか。鉄道の話題に限らずそういうふうに話していて、すごく積極的で楽しそうに見えます。

中之瀬 >>> 大好きな鉄道の話をどんなにマニアックにしても、いわゆるドン引きされることもなく、必ず話に乗ってきてくれる仲間やサポーターさんがいらっしゃるというのは、やっぱり自然体になれる貴重な場所なんだろうと思います。特に小学校の頃は、鉄道をマニアックに好きなお友達もなかなかいなかったので、鉄オタ倶楽部に参加して、水を得た魚みたいな感じになっていますね。

©Fくん

Part 4 保護者の思い

QUESTION5

**保護者から見た
鉄オタ倶楽部の存在についても教えてください**

中之瀬 >>> 先生方やサポーターのみなさんが、息子やメンバーのみんなを温かく見守ってくださって、少々何かやらかしても受け入れてもらえる。そんな感じなので、息子にとってもありのままでいられる場所ですし、それを見ている保護者の私にとっても非常に安心できる場所です。毎年の発表会で、わが子はもちろんですけど、メンバーのお子さん全員の成長を感じて、もう本当に家族のことみたいにいつもうれしくなっています。そんな存在になりました。

池田 >>> 改めて6年通っているってすごいなと思いました。うちはもう18歳になったので一応卒業なんですけど、そこからサポーターっていう役割をいただきました。今度は自分がメンバーを支える側にまわることができる。そうやって18歳で切れてしまうのではなくて、長く付き合えることがすごくうれしいです。

　本人が月1回うれしそうに「明日は鉄オタや」と出かけるのを、親戚の家に行ってらっしゃいという気持ちで見送っています。いつもそこに行ったらみなさんが温かく接してくださるので、なくてはならない場所になっているんだなと思いますし、すごくありがたいです。

©日野くん

QUESTION6

最後に、鉄道好きな子どもや保護者の方々に向けて
メッセージをお願いします

岡本 >>> 鉄道が好きな気持ちを大事にすること、それから、ずっと好きでいられることはとても大事なことだと思います。なので、子どもたちにはずっと好きでいてほしいということと、保護者の方にはそれを温かく見守ってほしいと思います。鉄道が好きなことは決して悪いことではないので、それを応援してあげてほしいなと思います。

中之瀬 >>> 私は息子と鉄オタ倶楽部のみんなに鉄道の楽しさを教えてもらいました。夢中になれることがあるというのはとっても素敵なことです。これからも鉄道に乗って日本中、そして世界中にみなさんの世界を広げていってください。保護者のみなさんも、それを一緒に楽しんでいってあげてください。鉄道は素敵な出会いがたくさん経験できるいい趣味だと思っています。

池田 >>> 息子は発語のきっかけも、人への興味も、勉強や進学のモチベーションもすべてが鉄道でした。こだわりを強みにするという考え方は、私はすごく大好きです。子どもが小さい頃はこだわりゆえに、家族が振り回されてしんどかったんですけど、そこに付き合っていく中で、息子の中に鉄道という軸ができました。子どもたちには好きを貫いてほしいと思うし、家族は本当にその好きを支えてあげてほしいなと思っています。みなさん、鉄オタは最高です。

堀井 》》 うちの子に対して「好きなことがあるのはうらやましい」と多くの方が言ってくださいます。鉄道の線路がいろいろな場所につながっているように、鉄道を通して世界がすごく広がりますので、ぜひ楽しんでほしいと思います。

富井： それぞれ貴重な意見を聞かせていただいて、本当にありがとうございました。私は、鉄オタ倶楽部を始める時に、何より子どもたちに楽しんでほしいという思いがあったんですけれども、お話を聞かせていただいて、楽しむ中で自信をつけてくれたりだとか、ありのままの自分でいられるとか、そのことによる安心感を得たりだとか、そういうことが本当に色濃く子どもたちの中に起こっているんだということを改めて知ることができました。

　また、それをバネにしながら新しいことにチャレンジしていったり、友達とどんどんコミュニケーションを豊かにしていったり、好きを土台にすることで、いろんな力もついていくんだなということを確信できて、スタッフである私としてもうれしく思っています。

　お話を聞かせてくださり、本当にありがとうございました。

［編集：角田悠至］

＊本章は鉄オタ倶楽部の保護者へのインタビューに基づいています。書籍化にあたり、語りの内容に影響を及ぼさない範囲で、一部の表現を変更しています。
＊子どもの所属は2023年当時のものです。

COLUMN

"好き"は本人・家族の大きな力に

「好きなことがあるのはうらやましい」。私も鉄オタ倶楽部の彼らを見ていて本当にそう思います。実は…私もかつては博士だったのです。キノコ博士でした。特に毒キノコが好きで、図鑑に載っている毒キノコの名前はすべて覚えていました。怖いですね。程度の差はあれど小さな頃に何かに夢中になった経験は誰しもがもっているのではないでしょうか。

しかしながら、"好き"というのは総じて移りゆくものです。多くの小さな博士たちがそうであるように、私も早々に博士の称号を手放してしまいました。今となっては、何が私をそれほど惹きつけたのかさっぱりです。むしろ、食卓で出会うとげんなりします。でも時々、道端でばったり出会うと、そしてそれが毒キノコだったりすると、何かとてもうれしい気持ちになるのです。小さい頃に好きだった物事って、きっと特別なんですよね。大人になってからできた趣味とは別物というか。だから、小さい頃に出会った鉄道を（あるいは他の何でも）、ずっと追い続けている姿を見ると、とてもうらやましく思えるし、心から応援したくなるのです。

とはいえ、保護者の立場から考えると、実際的な負担というものがあって。例えば、一緒に写真を見ながら「この車両はJRで、こっちの車両は近鉄で…」なんてやりとりは楽しくできても、「この車両の制御方式は…、主電動機は…、歯車比は

COLUMN

…」みたくなると楽しさを共有することが難しい。"それなら、一緒に電車に乗ってお出かけを楽しもう"と考えたとして、お子さんが「大阪駅に行きたい」「京都駅に行きたい」というのであればまだかわいいものですが、「敦賀！舞鶴!!城崎!!!串本!!!!!」とか言い出したらもはや小旅行なので、それらにフットワーク軽く応えることはなかなか現実的ではありません。本人の"好き"が強くなればなるほど、お子さんの"好き"に寄り添い応援したい気持ちと、日常における種々の制約との間で葛藤を覚える保護者は多いのではないでしょうか。

そんな時、同じ"好き"をもつ仲間の存在が、本人や保護者にとって大きな力になるのだと、今回のインタビューを読んで改めて感じることができました。

鉄オタ倶楽部には、同じ"好き"を共有できる幅広い年代の仲間がいて、また、同じ"好き"をもったサポーターがいて、そして、電車のことは詳しくないけれど、子どもたちの"好き"を応援したいと願うスタッフやボランティアがいて。そんな人々との交流の中で、自分自身にあるいは自分の"好き"に自信がもてるようになって、日々の生活にさまざまな変化が起こって、それがまた自信につながって。そうやって子どもたちの世界が広がっていく様子をそばで感じられることはスタッフ冥利に尽きると感じています。

昨今はSNSを通じて同じ趣味をもつ人々と簡単につながることができるようになりました。それはそれで素晴らしいことです。一方で、鉄オタ倶楽部のようなグループ活動には、SNSとはまた違った意義があるのだと思います。このような活動がもっともっと世の中に広がるといいなと心から願ってなりません。

　子どもたちが自分の"好き"を大切にし、こだわりを強みに変えて、世界を広げていくことは、今回インタビューにご協力くださった保護者の願いにとどまらず、私たちの願いでもあります。小さな博士たちが、大人になっても博士でいられるように、こちらの本を手にとっていただいたみなさまにも、それぞれの形で子どもたちの"好き"を応援するサポーターになっていただけますと幸いです。

角田悠至［すみだひさし］
奈良教育大学特別支援教育研究センター

Part 5

鉄オタ倶楽部の発達的意義

別府　哲
[べっぷさとし]

（1）「こだわり」ではなく、「好き」ととらえる

（1）-1　自閉スペクトラム症の診断基準における「こだわり」

　自閉スペクトラム症（Autism Spectrum Disorder；以下、ASD）の診断基準であるDSM-5-TR（2022）には、「限定された反復的な行動、興味、あるいは活動のパターン（Restricted, Repetitive pattern of Behavior, Interests, or activity；以下、RRBIs）」があります。これは一般にはこだわりとして理解されているものです。鉄オタは鉄道オタクのことですので、鉄道という興味（interest）へのこだわりととらえられることが少なくないでしょう。

　ASD児者と関わっていると、こだわりといわれる現象にはよく出会います。ある3歳児は換気扇が回るのを何時間でもニコニコして見ていましたし、車にこだわる5歳児は、スーパーの駐車場に着くとそこにある車の車種をすべて言ってまわるのが大好きでした。郵便局のバイクや

車を見るとそれを追いかけてしまう子、頭の中でお話を作るのが大好きで授業中もファンタジーの世界にすぐ入り込んでしまう子、数字にキャラクターがあって（例えば2は「お姫様」）、自分の好きな数字を並べることが好きな人…。いずれも診断基準に従えばこだわりとみなせるものです。実際に、換気扇ばかり見ていると保育活動に入れない、ファンタジーの世界に入り込むと先生の話が全然聞けていない、など集団生活を行う上では支障が出ることがあります。そのため、こういったこだわりは、どうやってなくすか、なくせなくてもどう減らすかが支援の目標とされることが少なくありません。

　こだわりの中には、苦しそうにやっているこだわりもあります。自分を自分で叩いてしまう子は、自分の手を縛ってほしいと訴え、自分を叩けないように両手を縛られてほっとした表情をしました。苦しそうにこだわりをしている人は、それをやめたいけどやめられない強迫的な苦しみがある時があります。そうであれば、それを一緒になくす取り組みが必要です。

(1)-2 「好き」な世界ととらえ、自分がその調整主体になる
　一方上に書いたように、こだわりといわれるものの中には、ニコニコしながらやっていたり、本人は楽しんでやっていると思えるものも少なくないのです。本人は楽しいからやっているのに、周囲の人からは否定され、やめるように言われる。楽しいからこそ、やめさせられそうになったら逆に執着しそればかり考え離れられなくなる。そんな悪循環に陥る時があるのではないでしょうか。好きな世界ととらえれば、まわりの人がそれを認め一緒に楽しむことが重要な意味をもちます。他者が自分の好きな世界を否定せず一緒に楽しんでくれる体験は、本人に安心感と、

自分は自分であっていいんだという自己肯定感を育みます。四六時中ではなくても、ある枠（例えば特定の時間帯、特定の人と）の中でいつも変わらずそれが保障されれば、その満足感と次もまたこの満足感を味わえる期待が、好きな世界を自分で調整する力を育てていくのです。

　鉄オタ倶楽部に入っている日野くんはこう言っています。鉄オタ倶楽部に入る前は、「（相手が）必要としてないのに、友達にいろいろばっと（電車のことを）話してしまってちょっと引かれるということ」があったこと（カッコ内は筆者註）、しかし、鉄オタ倶楽部に入ってから「（鉄オタじゃない）友達と電車の話をするというのを、結構なくすことができたなと思っています」（Part2, p.41）。

　こだわりを好きな世界ととらえそれを一緒に楽しむというと、「いったん認めたらどんどんエスカレートするのでは？」「身体の小さい今だからどうにか止められるけど、大きくなったら…と考えるとものすごく不安」といった意見はよく聞きます。ご家族含め、そういった思いや将来への不安を感じられるのは当然です。こだわりという言葉は、こだわっている対象や活動に自分が支配されている（例えば、車を見ると追いかけ「ざるを得ない」）状態をイメージするからです。しかしさきほどの日野くんの言葉は、自分の好きな世界として共有してくれる他者、特に仲間がいると、それに支配されていた状態（友達が求めていなくても話してしまう）から抜け出し、自分がそれを調整できる（相手に応じて話したり話さなかったり、話すかどうかは自分が主体的に決める）主体に変わることができることを示しています。「こだわり」でなく「好き」な世界ととらえることは、ただ本人の好きにさせたり、ほっとさせるだけではありません。そうではなく、その世界を主体的に生きる力を育むという大きな発達的意味があるのです。ここでは、それがなぜ可能なの

か、そしてその力は本人のソーシャルスキルや人格形成にどのような影響を与えるのか、といった点を考えてみます。

（2）ASDに関する誤解（その1）

この点を考える際には、ASDについて一般に考えられている誤解についてふれる必要があります。なぜなら、その誤解が、ASDの好きな活動をこだわりととらえさせる一つの要因となっていると思うからです。二つの点から考えます。

（2）-1　ASDは共感する能力の障害？

一つ目は、ASDは共感する能力の障害があるという誤解です。ASDは他者の心を理解する点に障害があるということは、30年以上前の「心の理論（theory of mind）欠損仮説」（Baron-Cohen, 1995）から言われてきました。これは臨床的、実践的印象と合致したため広く流布しました。共感には認知的共感と情動的共感（梅田, 2014）があります。その中でも認知的共感は他者の心の認知的な理解を前提にするため、心の理論の欠損があるASD児者は共感の障害をもっていると理解されてきました。

しかし近年、これは否定されています。心理学で共感性を測定する課題は架空の登場人物のストーリーを聞かせ、その登場人物の考えや感情を推測させたり、その同じ感情を感じるかどうかを調べます。今までの課題では障害のない定型発達（Typical Development；以下、TD）児者はその課題の得点が高く、ASD児者は低いことが指摘されてきました。しかしその登場人物はTD児者をモデルとした課題です。そこ

でASD児者をモデルとした課題に変えてみたところ（Komeda et al., 2015）、ASD児者は成績がよくTD児者はあまりよくないことが示されたのです。米田（2018）は、自分と類似した他者（TD児者にとってはTD児者、ASD児者にとってはASD児者）とは共感しやすいが、類似していない他者（TD児者にとってはASD児者、ASD児者にとってはTD児者）とは共感しにくい、その点ではTD児者もASD児者も同じであるという類似性仮説を提唱しました。同じことは、二重共感性問題（例えば、村中, 2023で詳しく紹介）としても論じられています。実際、この本の冒頭で紹介されている、チーム「Nゲージ」の皆がカフェでの撮影後に他の人たちに迷惑をかけないよう自発的に一生懸命片付ける様子（p.15）は、自分たちが大切に思う世界においてASD児者も十二分にまわりに気を配ることができることを示しています。ASDの特性が共感性の障害にあるわけでは決してないのです。

（2）-2　ASDは他者に共感されにくい点に障害を形成する要因がある
● TDは他者に共感される体験を土台に能力を獲得する

さきほど述べたように、ASDは他者に共感する能力の障害ではありません。そうではなく、他者から共感されにくい点に障害を形成する要因をもっていると筆者は考えています（別府, 2023）。

TD児者は発達の中でさまざまな能力を獲得します。しかしそれは一人で形成できるものではなく、必ず他者に共感される経験を土台に成立します。話し言葉もその一つです。犬を「ワンワン」ということを教える一番効果的なやり方は、犬（犬の絵でもいいです）を見せながらその場で「ワンワン」という音を繰り返して聞かせる（教える）ことなのでしょうか？　実際には、子どもが散歩をしていて犬を見つけ興味をもっ

て「ア、ア」と言いながら手差しをする。そこにいる大人が、その子が犬に興味をもっていることを理解・共感し、その場で「あ、ワンワン、ワンワン」と音声を併せて提示する。これが効果的だと考えられています。話し言葉は自分と他者とで、ある対象についての注意や情報を共有しやりとりする能力（自分、他者、対象）の三つの項の間でのやりとりという意味で三項関係（〈やまだ, 2010〉と呼ばれます）を土台に成立します。三項関係を成立させるためには、子ども（自分）が対象（ここでは散歩で見つけた犬）に興味をもち志向していることを、大人が察知し共感的に理解することが必要となります。その三項関係が成立しているところで、「ワンワン」という音を添えることが対象と音を連合して学ぶ最も有効なやり方なのです。

　もう一つ、ネガティブな情動である怒りや悲しみを治める、情動調整能力を考えてみましょう。パニックの要因の一つに、情動調整能力の形成不全があることはよく指摘されます（別府, 2018）。TD児も最初悲しい時、自分でそれを調整することはできずただ泣き続けます。しかしその際にまわりにいる大人はTD児の悲しみに共感し、抱っこしたりあやす。TD児は他者に共感され支えられることで、次第に悲しみが治まっていく体験を何度も繰り返します（自分の外にいる他者に調整してもらうという意味で、外在的調整）。その中でTD児自身が、自分の悲しみはこうやって治まるという見通しをもてるようになると、その見通しを土台に、悲しい時に自分の好きな玩具を握りしめて自分で悲しみを治めようとする（内在的調整）姿が生まれるようになるのです。

● ASDのユニークな世界との関わりと共感されにくさ

　一方、ASD児者は、さまざまなものごとのとらえ方と世界との関わ

り方がTD児者と異なりユニークです。感覚のユニークさは感覚過敏や感覚鈍麻として広く知られています（井出, 2022）し、物事の認知の仕方も、例えば全体を見ることが苦手で細かいところに焦点をあててみてしまう、弱い全体性統合（weak central coherence）（Fletcher-Watson & Happé, 2019）が指摘されています。後者は、教室全体は同じなのに一つの机の向きが少しずれているだけでそれが気になってしまう姿としてあらわれたりします。他者の心の理解もASD児者はそれができないのではなく、ユニークな心の理解をもっており、それがTD児者とずれているだけであることはさまざまに指摘されています（例えば、別府, 2019）。

　ただこのずれは、TD児者が多数派である世の中では、他者と共感する経験を制限しやすいのも事実です。TD児が泣いている時、周囲の大人は抱っこしてあやします。しかし触覚過敏の激しいASD児にとっては、背中を触られること自体が激しい不快でさらに激しく泣いて怒ることがあります。大人は共感して慰めようとしているのに子どもが逆に激しく泣く。なぜなんだろう、わからない、と感じてしまう大人は少なくないでしょう。逆に換気扇は、その視覚的刺激がASD児者にとって心地よいといわれたりします。しかしそういう感覚をもてないTD児者にとっては同じことばかりにこだわっていると思い、もっと楽しい遊びである「ブランコやろう」と誘ったりする。しかしそれはASD児にとっては自分の好きな世界を壊されることであり、激しく怒ったりします。お互いに悪気は全くありません。しかし世界のとらえ方がずれやすく、それが目に見えないことで理解しにくく大人も自覚しにくい。それが、ASD児が他者に共感される経験をつくりにくくさせることは容易に想像できます。そしてそのことが、TD児者においては共感される経験を

土台に形成されるさまざまな能力の形成を阻害し、ASDの困難を激しくしてしまっていると考えられるのです。

(2)-3 共感される体験の保障が大きな支援

そのように考えれば、目の前のASD児者が他者に共感される体験を意図的につくり出し保障することが、さまざまな能力を発達させる大きな原動力になることを予測させます。共感される体験には、自分の苦しさやしんどさといったネガティブなものも重要ですが、ユニークではあるが自分の本当に好きな世界を共感される体験はさらに大きな意味をもちます。鉄オタ倶楽部の実践は、まさにそれを保障するものなのです。

(3) ASDに関する誤解（その2）

(3)-1 「他者とうまく関われない」のは「他者と関わりたくない」から？

二つ目のASDに関する誤解は、ASD児者が他者とうまく関わることができないという対人関係の問題を、他者と関わりたくないという動機づけの問題と関連させてとらえることです。日本語でautismを自閉と訳していますが、この言葉は自分の世界に閉じこもると書きます。その字の印象が、ASD児者は他者と関わりたくないと思っているという誤解（印象）を強めた点は否定できないでしょう。

併せてそもそも対人関係は双方のやりとりで成立するので、どちらか一方（ここではASD児者）だけに問題があるかのように論を立てることが間違っていると考えられます（例えば、綾屋, 2024）。共感される経験をつくり出すことは、ASD児者の側ではなく、関わる相手（例えばTD児者）が目の前のASD児者の好きな世界や嫌いな世界を理解

し、それに寄り添おうとすることを必要とします。そしてそれが成立すれば、対人関係の問題はなくなる（あるいは少なくなる）はずです。ASD児者が「他者とうまく関わることができない」要因は、ASD児者の側だけにあるのではなく、ASD児者に関わる側にもあるといえるのです。

(3)-2 ASD児者は他者と関わりたい気持ちをもっている

　以上を前提に、対人関係をうまくつくることができないことが、ASD児者が他者と関わりたくないと思っているという誤解について、鉄オタ倶楽部の日野くんのエピソードにより考えてみます。

　日野くんはグループで駅に電車の撮影に行く時、京都発着のとても克明な時刻表を自分で作成してきました。彼はそれをすぐグループの仲間に見せるのではなく、一緒についてきてくれた富井さんにこっそり見せてこう言います。「あの…咲人くんとミナミさんの分も作ってきたんですけど、渡しても大丈夫ですかね」「ちょっと恥ずかしいんで、先生から渡してもらえたらと思うのですが…」(Part3, p.54)。

　日野くんが詳細な時刻表を作ったのは、自分がお目当ての電車を間違いなく撮影するためだけではなく、それを皆と一緒に撮影したいためだったのです。楽しい世界だからこそ、一人より一緒に楽しんでくれる仲間がいたらその楽しさは倍増すると、日野くん自身が感じていたからこその言動だと思います。グループのメンバーをそういう人と思うから、それを使って一緒に撮影したかったのでしょう。併せてそれを直接メンバーに言わず富井さんに言ったのは、まだお互いをあまり知らなかったからという理由だけでなく、それまでに同じようなことを学校や地域の仲間にして拒否されたりスルーされた、日野くんにとって嫌な体

験があったことを推察させます。時刻表を作ってきたことをメンバーに直接言ったら、前と同じようにスルーされないだろうか、拒否されないだろうか、という不安が、富井さんにこっそり言うことになったのかもしれません。日野くんのそこまでしてでも、メンバーと関わってみたい（一緒にいい撮影をしたい）思いと願いが伝わってくる言葉です。

日野くんのエピソードは、ASD児者が自分の好きな世界を一緒に楽しんでくれる人を強く求めていることを教えてくれます。ASD児者は人（特にTD児者）とうまく関われない時は少なくないが、だからこそ一緒に楽しめる人と出会いたい気持ちは人一倍強くもっています。鉄オタ倶楽部に参加した子どもが、帰りに「鉄分多めやったわ〜」と楽しそうに話す姿を富井さんは紹介しています（Part3, p.53）。それは鉄道自体に対する楽しさはもちろんですが、それを一緒に共感してくれる仲間との出会いがあってこそよろこびが滲み出ている言葉だと考えられるのです。

（4）鉄オタ倶楽部とソーシャルスキル

ここからは鉄オタ倶楽部の取り組みが、ソーシャルスキルと人格形成にどのような影響を与えるかについて考えてみます。

（4）-1 ソーシャルスキルとは

ここまでふれてきたように、ASD児者は他者と関わりたい動機も、ユニークではありますが関わる能力ももっています。一方、現在の社会で多数派であるTD児者とはその関わるスタイルが違うため、うまく関われない場合は少なくありません。それが、ASD児者にソーシャルスキルを育てる必要性を指摘することとなります。

ソーシャルスキルは広義には、人と関わるやり方のことです。ASD児者にそれを教えるために、ソーシャルスキルトレーニング（Social Skill Training；以下、SST）、ソーシャルストーリー、コミック会話などいろいろな技法が開発されています。こういった技法は、「◎の時、あなたが△と振る舞うと相手は□と思う」など心の理解を言葉でルール化し、それを教えるものとなっています。例えば「物を貸してもらった時、あなたが『ありがとう』と言うと相手はうれしい」ということを、言葉やイラストでわかりやすく伝え教えるのです。これは、心の理解の一つである命題的心理化と呼ばれるものと同じ構造であり、ASD児者は理解しやすいものといわれます（別府, 2019）。

　心の理解には少なくとも二つの能力があり、一つは教えてもらわなくてもその場の雰囲気で何となくわかる直観的心理化です。日常的には、空気を読むといわれるものです。もう一つが命題的心理化で、「◎の時△と振る舞うと相手は□と思う」というように、心の理解を言語的命題にして理解するものです。さきほどの「物を借りた時に自分が『ありがとう』と言うと相手はうれしく感じる」は、まさに命題的心理化です。TD児者は6歳頃までに、直観的心理化と命題的心理化を両方獲得しそれを使い分けながら他者の心を理解します。一方ASD児者は、直観的心理化には困難をもち続けながらも、発達の中で命題的心理化のみを獲得するとされています（別府, 2019）。さきほどの技法が有効であるのは、ASD児者が理解しやすい命題的心理化を土台にしたものであることがその一因と考えられています。

(4)-2 **上から目線**

　こういった技法はASD児者に理解しやすいのですが、大人になった

ASD者に聞くと、「わかりやすいけど大嫌いだった」という人に出会うことがあります。ある人は、そういう技法は「上から目線」だと言いました。その人は、こういった技法では、まずあなた（ASD児者）の考えは間違っている、普通の人（TD児者）はこういう場合にこう考えるのでその考え方を覚えなさい、と言われている感じだったと言うのです。こういった技法を使って支援する人がそういうつもりでやっているとは思いません。しかし当事者が少しでもそう感じるところがあるのであれば、それはしっかり考えなければいけない課題でもあると思います。併せて、こういった技法が、TD児者のソーシャルスキルを絶対視した上で教えることになっていることが、そのリスクを強めているとも思います。

　実践を改めて分析すると、優れた実践ほど、ソーシャルスキルを教える前に大切にしている事実があることに気づかされます。それは、ASD児者に相手の心「を」わかるよう技法で教える前提として、ASD児者が自分のことを相手「に」わかってもらえる体験をどうつくるかに、支援者がていねいにかつ深く取り組んでいるということです。障害のない人も、自分のことを相手「に」わかってもらえると、その相手をもっと知りたくなります。共感される体験がつくりにくいASD児者においてはなおさらでしょう。ASD児者自身が相手「に」わかってもらえる経験をし、そのわかってくれる相手のことを知りたくなる。その時に、相手がコミック会話を使って自分の気持ちを教えてくれたとすれば、それはもう上から目線ではない、ASD児者が求めていることを相手が教えてくれたことになるだろうと思います。共感される体験をしにくいASD児者にとっては、ソーシャルスキルを学ぶことは、TD児者を含めた相手のことをもっと知りたいという願い（要求）があって初めて成立

するものです。優れた実践はその願い（要求）をていねいに育むことに力を注いでいるのです。

(4)-3 鉄オタ倶楽部──素の自分を自然に認めてくれる仲間

　相手のことをもっと知りたい要求は、相手「に」自分のことをわかってもらえた体験に拠って成立します。鉄オタ倶楽部の仲間がそういう存在になることは、これまでの章を読んでいただければ十分理解できるものです。ただそこでの相手は、鉄道という好きな世界が共有できる仲間です。それでは、好きな世界が同じ仲間同士ではない、自分とは異なる相手、例えば鉄道をよく知らない人のことも知りたいという願い（要求）は鉄オタ倶楽部では育たないのでしょうか？「チームプラレール改造」という実践(Part3, p.55)を通して、この問題を考えてみたいと思います。

　プラレール改造とは、既存のプラレール車両を塗装し直して新しい車両に生まれ変わらせるというジャンルです。その年のチームはかなりうまく改造した車両の走行動画撮影を終了し、あとは年度末の成果発表会に向けたプレゼン原稿をつくればよいというところまできました。ところが成果発表会のリハーサル3日前になっても動画を編集した長瀬くんから編集動画が届いていない。富井さんが急遽2日前の夜にオンラインミーティングを設定します。しかしその日、肝心の長瀬くんが入室しないのです。富井さんはメンバーのまるはちくんに長瀬くんと連絡を取るようお願いします。すぐに返信が来て、まるはちくんはこう言います。

　「あいつ（長瀬くん）、今、放出で撮影しているらしいわ‼」

　それでは間に合わないと焦った富井さんはまるはちくんに続けてこう頼みます。

　「ちょっと長瀬くんに電話してくれない？　動画を送れるようならす

ぐにでも送ってって伝えてほしい」

　皆はグループLINEで提案してくれましたが、結局準備を進めるのは難しい状況になりました。しかし焦る富井さんと対照的に、皆は"仕方ない""どうにかなるでしょ"という対応だったそうです。富井さんはこれをメンバー全員から長瀬くんへの「ごく自然な気配り」としています。

　長瀬くんが同じ行動を、学校でやったら、激しく非難されるかもしれません。多数派のTD児者の考えからすれば、編集動画のプレゼン原稿を作ることが最優先であるからです。だから当然会議に参加すべきだとなります。しかしチームの仲間はそう言いませんでした。ASD児者のとらえ方のユニークさは、場面での優先順位のつけ方の違いにもあらわれます。この場面で鉄道が大好きなチームの仲間にとっては、今日しか撮れない鉄道動画の撮影が最優先であるのは当たり前なのでしょう。だからまるはちくんも他のメンバーも先のように振る舞ったのでしょう。

　ここでの長瀬くんの言動は、彼にとって素の自分だと思います。それまでは素の自分を出すと笑われたり否定されたり、直すよう強く言われたりした歴史を積み重ねたこともあったであろう長瀬くん。しかしこの鉄オタ倶楽部ではそういった素の自分ですら、仲間は無条件に共感してくれたのです。

(4)-4　素の自分を共感される体験が、
異質な他者とわかり合いたい願いをつくり出す

　長瀬くんだけでなく、鉄オタ倶楽部のメンバーの多くはこの倶楽部で、普段なら否定される素の自分をそのまま出してもわかってもらえる体験を何度もしただろうと推測されます。当事者である綾屋（2024）は、こういった仲間の出会いにより、それまで「『自分の感覚や考えを言っ

てはならない』と常に気を張り続け、怯えていなければならなかった」（p.35）自分が、「等身大の感覚を前提とした」（p.35）関係を他者と築けるようになると論じています。

　素の自分を出しても大丈夫な他者の存在は、生活を穏やかにし自分の存在に対する安心感を強く感じさせます。併せて、「他者に共感されることはこんなにうれしい」という他者と共有すること自体のよろこびを強く実感させるものになったのでしょう。そしてその経験は、同じ好きな世界をもつ鉄オタ倶楽部の仲間だけでなく、自分とは異質の人、例えば鉄道のことをあまり知らない人とも共感しよろこび合えることを期待し、そうしてみたい願い（要求）をメンバーの中に生み出すことにつながります。

　鉄オタ倶楽部の成果発表会はメンバー以外に、一般の人にも来てもらいます。しかし最初の頃は、自分の興味ある話題を一方的に発表したり、聴衆がどう感じているかは考えないプレゼンも多かったといいます。しかし次第に、プレゼンの発表には必ずリード文を入れて、鉄道をよく知らない人にも興味をもってもらえるようにしたり、参加証もあえて昔の切符の硬券（改札でハサミを入れる硬い紙の切符）にして少しでも関心をもってもらえるものにする提案がメンバーから出てくるようになりました（Part3, pp.57-58）。

　これは素の自分をわかってもらえる体験が、まずわかってくれた相手（ここでは鉄オタ倶楽部のメンバー）をよりわかりたい願いを生み出すだけでなく、自分とは異質な他者ともわかり合いたい願いを生み出す契機になったことを教えてくれます。そしてそれが素の自分をわかってもらえた経験と他者を広げ、さらに多くの異質な他者とわかり合いたい願いを強める、そんなポジティブな循環を生み出していると考えられ

るのです（図1）。そういった願いと経験がしっかり形成された上でソーシャルスキルをさまざまな技法で伝えられることは、まさにASD児者自身が知りたい内容を教えてもらえることであり、それを（取捨選択しながらではありますが）主体的に取り入れる態度につながります。綾屋（2024）は、自分の素の考えや感覚を認め合える「少数派の仲間との世界を得」ると、TD児者の考えや感覚に合わせる「普通のフリ」に「失敗することも、それほどたいしたことではなく」なり、その結果逆に多数派に合わせる「苦痛も軽減され得る」（pp.35-36）としています。

　素の自分も含めて他者と共感できるよろこびの経験は、異質な他者ともわかり合いたい願いをつくり出す。それが、ソーシャルスキルを教えてもらうことを上から目線ではなく、自ら知りたい、学びたい内容に変えていく大きな力になっていると思うのです。

図1
素の自分をわかってもらえる経験と異質な他者とわかり合いたい願いの関係

(5) 鉄オタ倶楽部と人格形成──アイデンティティの確立

　思春期から青年期にかけて、人はアイデンティティ（自己同一性）を形成すると言われます。アイデンティティとは自分とは何かを問うことであり、アイデンティティの確立はそれに自分なりの答えを見出していくことです。それは、以下の四つから成るといわれます（谷, 2014）。

　一つは自己の不変性・時間的連続性についての感覚、二つは自分が目指すもの、望むものが明確になっている感覚、三つは他者から見られている自分が本来の自分と一致しているという感覚、四つは現実の社会において自分を位置づけることができるという感覚です。一つめは、過去も現在も将来も自分は同じ自分だという感覚ですし、二つめは自分がどうなりたいか、何をしたいかを自分で明確にもっている感覚です。

(5)-1　他者から認められる経験とアイデンティティ

　一方、三つめは自分らしさを他者に理解し認めてもらっている感覚、四つめは自分らしさが社会の中に位置づいているという感覚であり、いずれも自分が他者や社会にどう認められているかに拠っています。共感される経験をつくりやすいTD児者は、自分らしさを認められる他者と出会いやすいですし、社会の中での自分の居場所や位置づけを感じやすい。一方、共感される経験がつくりにくいASD児者は、この三つめと四つめのアイデンティティの確立に困難を抱えやすいと考えられます。だからこそ、素の自分を出してもそれに共感してもらえる仲間の存在は、ASD児者のアイデンティティ確立にとって必須であると考えられるのです。

　ASD児者は感覚の過敏さや予測誤差への敏感性（綾屋, 2024）などに

より、声を出したりバスケットボールをドリブルするという行為の主体が自分であるという行為主体感を、大人になっても感じられない苦しさも強く感じているといわれます（例えば、綾屋, 2010）。自分の身体や自分の行為そのものが自分のものだと思えないことは、さきほどのアイデンティティの一つめや二つめの確立にも困難を抱えやすいことを想像させます。

　一方、綾屋（2013）はこうも述べています。「30歳を過ぎた頃、自分にそっくりな生活を送っている自閉症スペクトラム当事者の手記を読んだときだった。これまでの専門家が書いた…（中略）…書籍や…（中略）…診断基準…（中略）を読んだときはピンとこなかったが、当事者の具体的な生活パターンを語る言葉は、『自分の体験は本当なのか』『思い込みではないのか』と苦悩してきた私の長年の経験を適切に表す言葉として、抗いようもなくするすると入り込んできた。それは当事者の言葉に『感染した』ともいえる状況だった。…（中略）…私が自分の内側の世界を説明すると、仲間（同じ障害のある）が『それはおもしろいね』『そこのところをもっと詳しく聞きたい』『その表現だとわかりにくいんだけど、別の言葉でいうとどうなる？』と、前のめりになって質問をした。私にとって、自分の感覚を否定せずに聞いてもらえるという初めての体験は、わくわくしてとても気分のいいものだった。…（中略）…『こんなことは自分だけに起きているんだろうか』『こんなことを考える私は頭がおかしいのではないか』と自分の中で意味づけできずにいた事象が、『確かにあるもの』として認められて、しかも他者と共有可能な言葉となっていく。これほど心強いことはない。…（中略）…こうして他者に通じる形で自分を表す言葉が増えていくことで、私の中で『自分が確かにいる』という感覚や、『自分は自分にとって大事だと思える存在だ』

という感覚が育っていった。」(pp.207-208)（下線部筆者）

　鉄オタ倶楽部の仲間との経験は、まさに「自分の感覚を否定せず聞いてもらえる」経験であり、それが「自分が確かにいる」「自分は自分にとって大事だと思える存在」というアイデンティティにつながる感覚を育む確かな土台となっていると考えられるのです。

(5)-2　憧れる関係、張り合える関係、導く関係
——多様な人間関係の中で自分らしさがつくられる

　アイデンティティは、人生の目的や生きる意味を探す営みでもあります。人はそれを必死で探そうとしますが、それは自分が探して見つかるものではなく、今直面する一つ一つの場面や課題に真摯に立ち向かう中で浮かび上がってくるものといわれます（フランクル, 1993）。言い換えれば具体的な対人関係での取り組みがそれを見つけるためには必要だということです。

　対人関係には、同じ仲間の間での「張り合える関係」を基本としつつ、先輩や自分の尊敬する人に対する「憧れる関係」、下の人に教えたり助けたりする「導く関係」など多様な関係があるといわれています。TD児者は、この三つの関係を多様に日常生活でもつことができ、そこで多様な対人関係を経験しながら自分らしさを浮かび上がらせていくのでしょう。

　一方ASD児者は共感されにくい集団の中では、常に他者に叱責され教えられる「導かれる関係」のみになってしまうことが少なくありません。加えて、そこには相手に対する憧れはなく、ASD児者にとってはネガティブな関係性が強いものとなります。TD児者の「張り合う関係」は、対等な仲間と切磋琢磨し、あの子と同じことをやってみたい、あの

人に負けないように頑張りたい、などの願いを生み出します。「憧れる関係」はもちろん、その人のようになりたい願いになりますし、「導く関係」もお世話をしたり教えることにより、大きくなった自分への誇りを感じるものです。このようにいずれも、ポジティブな願いや自己への誇りを感じることを伴います。

一方、ここでいう「導かれる関係」は、自分のやり方や能力を否定され、こうしなさいと叱られることを意味しており、願いや誇りとは真逆です。対人関係が多様でなく、貧弱なものに押し込められ、かつそれはネガティブな関係性である。そういう対人関係からは、アイデンティティにつながる自分らしさが浮かび上がることは難しくなると考えられます（逆に自分を否定することにつながる）。

鉄オタ倶楽部の仲間との対人関係は、全く違います。メンバーの「同じ趣味の人は話をすると自分の話がわかるので楽しい」（Part3, p.51）という言葉はここが「張り合う関係」にあることを示していますし、メンバーの鉄道への愛と知識の深さに「自分はまだまだだと感じた」（Part3, p.63）という発言は、そこに「憧れる関係」もあることを教えてくれます。(3)-2 で紹介した日野くんのエピソードは、日野くんが詳細な時刻表を作ったのはある意味、グループの他のメンバーを助けたい、サポートしたい願いから生まれたものでした。鉄オタ倶楽部は日常の生活ではなかなか経験できないこの三つのポジティブな対人関係を経験できる場なのです。その経験をする中で、自分らしさが浮かび上がってくる体験をするのだと思います。

(6) 最後に——とことん楽しむ

　この章では鉄オタ倶楽部が参加するメンバーにどのような経験を保障し、どんな育ちにつながっているのかをいくつかの視点から考えてきました。ただ最後にふれておきたいのは、鉄オタ倶楽部はそれを通してソーシャルスキルやアイデンティティを形成する「ために」行っているのではないということです。もしソーシャルスキルやアイデンティティ形成を「目的」にした取り組みにしたら、その成果をできるだけ速くたくさん出そうと支援する側がどこかで思ってしまいます。そしてそれは結果として、うまくいかなかっただろうと推測できます。

　なぜなら、鉄オタ倶楽部の一番大切な本質は、とにかくここに来て一緒に活動することそのものの楽しさにあるからです。鉄オタ倶楽部のメンバーは、ここでは皆と一緒にまわり道をしながらとことん楽しめることに、ほかに代えがたい魅力を感じて集まってきます。「鉄分多めやったわ〜」という言葉はまさにそのよろこびを表しています。一緒に楽しむ魅力がなくなってしまえば、メンバーは主体的に参加しようとはしません。そこで仮にソーシャルスキルを教えられても、それは「上から目線」に終わってしまうからです。逆説的ですが、鉄オタ倶楽部が一番大切にしてきた、とことん楽しさを追求するというこの会の原点をしっかり見つめて、それに向けてとことん取り組む。その中で、副産物としてさまざまな育ちが生まれてくる。そもそも発達とは、そういう育ちをいうのではないかと思っています。とことん楽しむ経験とそれをできる仲間をもっている人は、ASD者も含め、就労後にそれが自分の心のバネや支えになっている人とたくさん出会ってきました。この活動の意義が深く理解され、社会に広がっていくことを切に願っています。

引用文献

American Psychiatric Association. (2022) Diagnostic and Statistical Manual of Mental Disorders, Fifth Edition Text Revision. APA publishing. 髙橋三郎・大野裕（監訳）（2023）『DSM-5-TR 精神疾患の診断・統計マニュアル』医学書院

綾屋紗月（2010）つながらない身体のさみしさ　綾屋紗月・熊谷晋一郎（編著）『つながりの作法』(pp.14-42) NHK出版

綾屋紗月（2013）当事者研究と自己感　石原孝二（編）『当事者研究の研究』(pp.177-216) 医学書院

綾屋紗月（2024）ASDにおける感覚とことばのマイノリティ性「こころの科学 235」pp.32-36.

Baron-Cohen,S.（1995）Mindblindness: An essay on autism and theory of mind. The MIT Press.

別府哲（2018）高機能自閉スペクトラム症幼児における情動調整の障害と発達「心理科学 39」pp.58-73.

別府哲（2019）『自閉スペクトラム症児者の心の理解』全障研出版部

別府哲（2023）発達を情動から考える―自閉スペクトラム症を手がかりに「臨床心理学 137」pp.522-526.

Fletcher-Watson, S., &Happé, F.（2019）Autism: a new introduction to psychological theory and current debate. Oxon; Routledge. フレッチャー=ワトソン, S & ハッペ, F. 石坂好樹・宮城崇史・中西祐斗・稲葉啓通（訳）（2023）『自閉症―心理学理論と最近の研究成果』星和書店

フランクル, V. E.（山田邦男・松田美佳（訳））（1993）『それでも人生にイエスと言う』春秋社

井手正和（2022）『科学から理解する自閉スペクトラム症の感覚世界』金子書房

米田英嗣（2018）自閉スペクトラム児者同士の共感　藤野博・東條吉邦（編）『自閉スペクトラムの発達科学』(pp.168-176) 新曜社

Komeda, H., Kosaka, H., Saito, D.N., Mano, Y., Jung, M., Fujii, T., et al.（2015）Autistic empathy toward autistic others. Social Cognitive and Affective Neuroscience, 10, 145-152. https://doi.org/10.1093/scan/nsu126

村中直人（2023）ニューロダイバーシティとはなにか？―発達支援の基礎リテラシーとして「臨床心理学 137」pp. 527-532.

谷冬彦（2014）自我・アイデンティティの発達　後藤宗理・二宮克美・高木秀明・大野久・白井利明・平石賢二・佐藤有耕・若松養亮（編）『新・青年心理学ハンドブック』（pp.127-137）福村出版

やまだようこ（2010）『ことばの前のことば』新曜社

梅田聡（2014）共感の科学　梅田聡（編）『コミュニケーションの認知科学：2　共感』（pp.1-29）岩波書店

COLUMN

鉄道だけじゃない！
○○オタクな子どもたち

　鉄オタ倶楽部に参加しているのはもちろん鉄道への高い関心を共通点とする子どもたちですが、中には「鉄道オタク」でありながら、他にも「○○オタク」「○○マニア」な一面をもっている子どもたちがいます。多趣味な子は4つ5つぐらい鉄道と並行した関心事があるようで、「鉄道も好きですけど、最近は絶叫マシンにハマっています」というように、熱中する対象が時期によって変わる子もいます。

　このように、鉄オタ倶楽部の活動の合間には子どもたちが鉄道以外に熱中している対象の話を聞くこともあります。本コラムでは、支援者として活動の合間に見聞きした子どもたちの鉄道以外のオタク（マニア）な側面についていくつか紹介するとともに「鉄道」との共通点についても考えてみたいと思います。

　王道なのはやはり「アニメ」です。鉄オタ倶楽部の活動時に好きなアニメのキャラクターのグッズ（アクリルスタンドなど）を自分の前に常に置いている子がいますが、まわりの子たちがそれについて特に触れる様子はないので、「アニメオタク」というのは子どもたちの中でも珍しい存在ではないのだろうと思います。別の子にも最近の鉄道に関する活動を聞くと、好きなアニメの期間限定の展示があり、それを見に行くことを目的としながら、目的地への行き帰りは同じルートをたどるのではなく、複数の路線を乗り継ぐ乗車プランを考えて楽しんだというエ

COLUMN

ピソードを聞かせてくれました。アニメに関しては、各地でいろいろなイベントも行われていますので、「鉄道×アニメ」は、非常に楽しみやすい組み合わせなのではないかと思います。

　また、「信号機オタク（マニア）」（交通信号機）の子どもも、私の知っている限りですがメンバーの中に2人いました。そのうちの1人は、鉄オタ倶楽部の活動中に、国内の珍しい型の信号機を撮影した写真や収集している信号機の模型を見せてくれたことがありました。信号機に関しては鉄道に比べるとオタク人口が少なそうですが、鉄オタ倶楽部のメンバーの中だけでも2人もいることがわかり、私たち支援者だけでなく本人たちも驚いたのではないかと思います。コロナ禍でオンライン（Zoom）での活動をしていた時のことでしたので、彼らから信号機の話をゆっくりと聞くことはできませんでしたが、短い時間の中でも、どのメーカーの信号機が好きかといった話で盛り上がっていました。信号機については、インターネットを駆使して、その種類やメーカーによる違いといったマニアックな情報を収集することを楽しんだり、遠征して実物を見に行き、写真におさめたり、模型を収集したりといったように楽しみ方は鉄道と非常に似ているところがあるように思います。

　その他には、「飛行機」や「絶叫マシン（ジェットコースターなど）」

が好きという子もいます。これらもまた「鉄道」と楽しみ方や関心の向け方は似ているところがありますが、「鉄道」に比べると実際に乗ったり、撮影したりする機会は少ないので、楽しみ方としては情報収集を基本としているように思います。

一方で、「絶叫マシン」好きの子は、最初に紹介した時期によって熱中対象がコロコロと変わる子ですが、話し相手になってくれそうな支援者を見つけては「あそこの遊園地の〇〇っていうジェットコースター乗ったことありますか？」という質問をしにまわっている様子がありました。この子にとっての「絶叫マシン」は単純に情報収集を楽しむだけの対象ではなく、オタクではない他者とでもコミュニケーションを楽しみやすい対象だったのではないかと思います。

このようにメンバーの中には、「鉄道」以外にも「鉄道」と同じくらい熱中している対象がある子がいます。共通点としてはマニアックな情報を収集して楽しむというところにありそうですが、それが知識として披露できたり、他者との会話を楽しむ材料になったりすることも大事なのだと子どもたちの姿を見ていると感じます。

中西　陽 [なかにしよう]
奈良教育大学特別支援教育研究センター

Epilogue

竜彦「(椅子へドスンと座り) 勿論だよ。なにか好きなものがあるということは素晴らしいことなんだ」
良子「ロックとマンガでも？」
竜彦「そうさ。なんだっていいんだ。なにかを好きになって、細かな味も分かってくるということは、とても大切なことなんだ。そういうことが、魂を細やかにするんだ。マンガでもロックでも、深く好きになれる人は、他のものも深く好きになれる」
良子「(うなづく)」
竜彦「一番はずかしい人間は、くだらないとかいって、なにに対しても深い関心を持てない人間だ。そういう人の魂は干からびている。干からびた人間は人を愛することも物を愛することもできない」
良子「(うなづく)」
竜彦「たとえば、ビールの蓋やジュースの蓋を子供が集める。それは、はたから見れば下らない。そんな暇があったら勉強した方がいい、と大人は思うだろう」
良子「(うなづく)」
竜彦「しかし、ちがうんだ。肝心なのは、夢中になっているということなんだ。なにかに、深く心をそそいでいるということなんだ。それが心を育てるんだ。それに比べたら勉強ができるなん

てことはつまらないことだ」
良子「（うなづく）」
竜彦「なにかを深く好きになることが必要だ。しかしそれは、ほうっておいてできることじゃない。好きになる訓練をしなきゃあいけない」
良子「（うなづく）」
竜彦「マンガが好きならマンガでもいい。ただ、気持ちのままに読み散らしているのではいけない。細かな魅力を分かろうとしなければいけない。すると、誰のがチャチで、誰のがいい味だというようなことが分かって来る。もっと深い味が欲しくなる。もっと複雑な魅力が欲しくなる。それはもうマンガでは駄目だということになったら、他のものを求めればいい。その分、君の心は豊かになっている」

　　　山田太一『早春スケッチブック』（フジテレビ 1983 年 1 月〜3 月放送。
　　　新潮文庫　1992 年）

　長すぎる引用ですが、どうしても紹介したくて原文のままに引用しました。2023 年に逝去が報じられた脚本家・山田太一さんのテレビシナリオです。このドラマが放映された時、私は高校 3 年生、放映は 1 月から 3 月という受験ただ中の時期。そのせいもあってか、テレビ放映は見る機会を逸し、私がこのシナリオに最初に触れたのは活字を通してでした。

　それがいつのことだったのか記憶が定かでないのですが、引用した箇所を新潮文庫版で読んで、最初に思い浮かんだのは、大学院生時代に 5 年間、家庭教師としてお付き合いした自閉症の青年、S くんのことでし

Epilogue　111

た（今風に言えば「ASDの青年」と書くべきでしょうが、当時の用語法で記します）。定時制高校に在籍していた彼は、昼の時間を持て余し、近所の書店に入り浸っては、座り込んで、小さい子どものための電車の絵本を読みふけっていました。家の近所の書店でそうされると知人の目にもとまるし、なんとかやめさせてほしいと母親に頼まれました。母親は、何度叱ってもこの行為がやまないのでずいぶんと悩んでいるようでした。

　私も、どうしたものかと戸惑ったのですが、彼の通学途上に公立の図書館があるのを見つけ、彼をそこに連れて行って、一緒に鉄道の本のコーナーを探しました。私自身も知らなかったのですが、図書館には鉄道に関する大人向けの書籍がずいぶん豊富に所蔵されており、中には写真中心のものもたくさんありました。さいわいに彼はこの図書館行きを気に入ってくれて、家庭教師の後半はよく一緒に図書館に通うようになりました。それまで鉄道への興味はもっていなかった私ですが、彼との付き合いを通して「鉄オタ」と言われる人たちの世界の端っこに触れたように思います。彼の母親は、近所の書店で子ども用の絵本を読みふける姿に困惑していましたが、鉄道が好きなこと自体はもちろん悪いことではありません。その興味や関心を、年齢にふさわしい形で満たすことのできる場や対象が、アクセスしやすい形であればいいのに、と思いました。

　そうは思いながらも、本当にあれでよかったのだろうかと、心のどこかにこのことが引っかかっていた私は、先の山田さんのシナリオに触れて、妙に納得したことを覚えています。「夢中になるほどに何かを好きになり、そのことに深く心を注ぐこと。そのことを通して、その世界の細かな味もわかってくるということ。そういうことが魂を細やかに、心

を豊かにする」。ちょうど、学校五日制が段階的に実施され、障害のある子どもや青年の放課後や休日のありように注目が集まりつつある頃でした。学校とは異なる放課後ケアのありようの一つとして、子どもたち、青年たちの「好きなこと」に徹底的にこだわり、それを「趣味」といえる域にまで究めていくことができれば、そのことは、その人ならではの持ち味、個性を豊かにすることにつながらないだろうか。そんなことを考えたことも思い出されます。

　本書で紹介される「鉄オタ倶楽部」は奈良教育大学特別支援教育研究センター（以下、「センター」）の活動の一つとして、2018年に発足したものです。この構想がセンターの会議で発案された時、私はセンターの兼任教員の一人として、ぜひ具体化してほしいと感じ、そのように発言もしました。正直なところ、その時に、前述したようなことが直ちに想起されたわけではなく、直観的に「おもしろそうだな」と思ったに過ぎないのですが、改めて考えると、私がこの活動に魅力を感じた背景には、先に述べたような自身の経験があったのかもしれません。以後7年間、本書にもある通り、「鉄オタ倶楽部」の活動は、途中コロナ禍による活動の制限を経験しつつも、今日まで粘り強く取り組まれてきました。

　その原動力は何よりも、活動に参加してくれた子どもたち・青年たちの「好き」にあります。もちろん、その「好き」を生かし、発揮するための場を創り、維持していくためには、センタースタッフの様々な努力や工夫があり、また、何よりも子どもたちを送り出してくれたご家族の協力があっての活動なのですが、そうした営みを支えたのも、子どもたちのこの活動への意欲や、活動の中で示される子どもたちの姿であった

ように思います。さまざまな特性をもつ子どもたちが、自身の「好き」を思いっ切り発揮することができ、さらには、同じような「好き」の世界をもつ仲間と出会えること。そうした場としての「鉄オタ倶楽部」は、そこに参加する子どもたち、青年たちにとってかけがえのない「居場所」となり、その活動を通して、私たちは、他の場所では見られなかった子どもたち、青年たちの姿に触れることができました。

　自分自身の「好き」を安心して披露し、大切にできる場があることは、山田さんの言うように、子どもたち、青年たちの「魂を細やかに、心を豊かに」します。そしてそれは、例えば「鉄道」という対象の魅力を感じ分ける細やかな心を育てるとともに、それと並行して、仲間との関係を築き、それを豊かに展開していく力を培い、さらには、より広い世界に対しても自分たちの世界を発信したいという願いと、そのための力量を育てることにもつながるのです。鉄オタ倶楽部の子どもたち、青年たちは、私たちにそんなことを教えてくれたように思います。私としては、かつてのＳくんにもこんな場があったなら、と思わずにはいられません。

　本書は、このような私たち自身の学びを、現在の時点で言語化して発信することを通して、より多くの人にご検討いただき、そこでの討論を経て、さらに深め、豊かにしていくことを意図して準備されました。私たちの活動の趣旨やねうち、何よりもそのおもしろさを汲み取っていただき、他の場所、他の地域でも、様々な試みがなされていくことを期待します。子どもたち・青年たちの「好き」を生かし、展開する試みは、放課後や休日などの「学校外」の取り組みはもちろんですが、学校教育のうちにおいても、課外活動や「総合的な学習・探求」の時間などを入り口として、さまざまに成立しうるものと思います。そうした試みとそこでの経験をもち寄って交流ができるなら、なんとすばらしいことで

しょう。どうぞ多くの意見や感想をお寄せください。私たちの経験やノウハウもできるだけ提供したいと思います。

　ささやかなものではありますが、本書の刊行を契機として、「鉄オタ倶楽部」のような試みが、子どもたち、青年たちのゆたかな発達に寄与する仕組みがより深く解明されるとともに、子どもたちの「好き」を大切にできる場が全国各地に広がることを願っています。

2024年夏　全国障害者問題研究会第58回全国大会in奈良を前に

　　　　　奈良教育大学特別支援教育研究センター長　越野和之

|編著者|

富井奈菜実（とみいななみ）
　奈良教育大学准教授　特別支援教育研究センター担当
　専門分野：障害のある子どもの発達・発達診断
　好きなこと・もの：音楽（聴く・歌う）、ラジオ、ビール

越野　和之（こしのかずゆき）
　奈良教育大学教授　特別支援教育研究センター長
　専門分野：障害のある子どもの教育学
　好きなこと・もの：焚火、カレー作り、ウクレレ、ギター、地酒

別府　　哲（べっぷさとし）
　岐阜大学教育学部教授
　専門分野：自閉スペクトラム症児者の発達と支援
　好きなこと・もの：映画、ピアノ、旅行（国内だけです…）

|協力|

奈良教育大学特別支援教育研究センター
〒630-8301 奈良県奈良市高畑町　新館1号棟

|コラム|

大西　貴子
小松　　愛（& Part2 編集）
根來　秀樹
角田　悠至（& Part4 編集）
中西　　陽

|この本に関わってくれた方々|

[サポーターから一言]	[Part2]	[Part4]
荒牧　達朗	Fくん	岡本　寿子
石川　空海	日野くん	中之瀬麻子
倉田　陽平	まるはちくん	池田　有美
鈴木小百合	大輝くん	堀井真理子
鈴木　そら	咲人くん	
増田　健一		

鉄オタ倶楽部のメンバー・ご家族

鉄オタ集結!
「好き」を強みに 発達障害のある子の居場所「鉄オタ倶楽部」

2024年9月1日　初版発行

編　　著	富井奈菜実　越野和之　別府哲
協　　力	奈良教育大学特別支援教育研究センター
発 行 者	田島英二
発 行 所	株式会社 クリエイツかもがわ
	〒601-8382　京都市南区吉祥院石原上川原町21
	☎ 075 (661) 5741　FAX 075 (693) 6605
	https://www.creates-k.co.jp
郵便振替	00990-7-150584
装　　丁	菅田亮
印 刷 所	モリモト印刷株式会社

Ⓒ 富井奈菜実　越野和之　別府哲　2024 Printed in Japan
ISBN978-4-86342-372-5 C0037

本書のコピー、スキャン、デジタル化等の無断複製は著作権法上での例外を除き禁じられています。本書を代行業者等の第三者に依頼してスキャンやデジタル化することは、いかなる場合も著作権法上認められておりません。

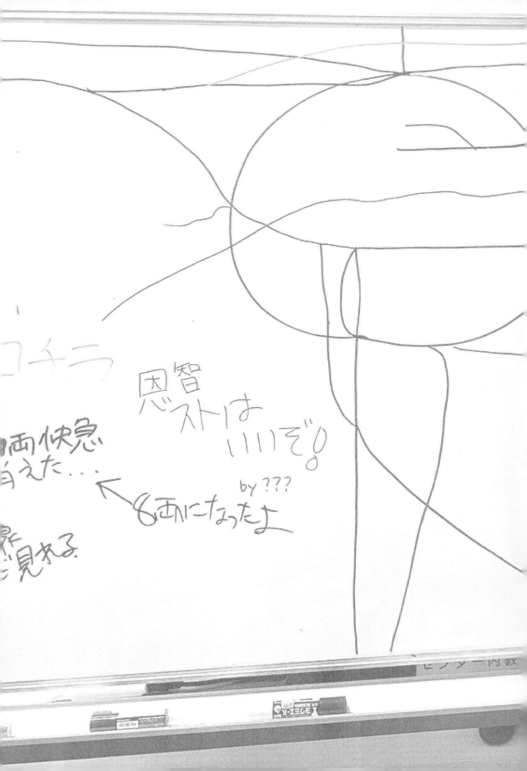

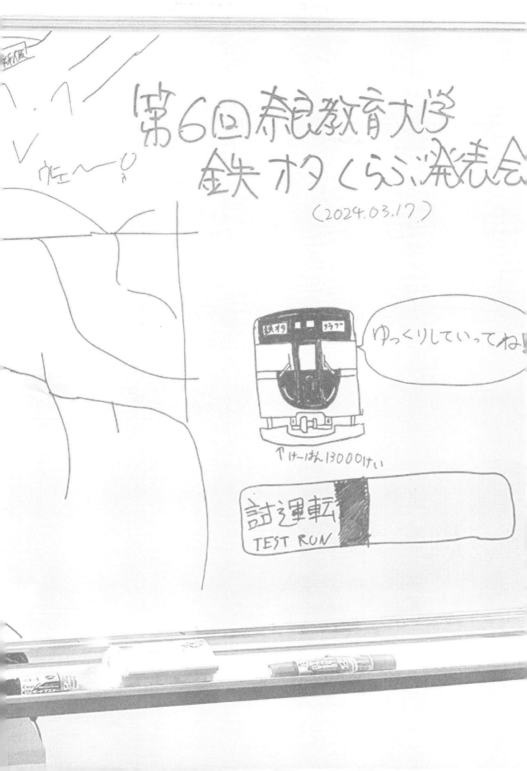

好評既刊

自閉症児・発達障害児の教育目標・教育評価
1 子どもの「ねがい」と授業づくり
障害のある子どもの授業づくりを考える仲間の中で、文化にふれて、子どものねがいはあふれ出す。そのエネルギーをどうとらえるか。

2「行動障害」の共感的理解と教育
「行動障害」のある子どもの理解に迫る激しい行動の内側で子どもが本当に伝えたいことは何か。その、目に見えないところをわかりたい。

三木裕和、越野和之、障害児教育の教育目標・教育評価研究会／編著　　　各1540円

特別支援教育は幸福を追求するか
学習指導要領、資質・能力論の検討
三木裕和／著

学習到達度調査PISAから眺める学力、特別支援学校学習指導要領改訂が求めるもの、そして、実践からみえる若者の感覚とこれからを歩む権利。教育現場が必要とする知見をわかりやすく、鋭く問う。　　　1870円

あたし研究 1・2　　自閉症スペクトラム～小道モコの場合
小道モコ／絵・文

自閉症スペクトラムの当事者が『ありのままにその人らしく生きられる』社会を願って語りだす。知れば知るほど私の世界はおもしろいし、理解と工夫ヒトツでのびのびと自分らしく歩いていける！
1.18刷 1980円／2.7刷 2200円

実践、楽しんでますか？　　発達保障からみた障害児者のライフステージ
全国障害者問題研究会兵庫支部　木下孝司・川地亜弥子・赤木和重・河南 勝／編著

実践に共通するキーワードは「楽しい」「仲間」「集団」。発達保障をテーマにした、乳幼児期、学齢期、青年・成人期、3つのライフステージでの実践報告と、3人の神戸大学の研究者の解説＆講演、座談会。ライブ感を残したまま1冊に。　　　2200円

障害のある若者と学ぶ「科学」「社会」　気候変動、感染症、豪雨災害
丸山啓史／編　國本真吾・澤田淳太郎・塩田奈津・村上穂高／執筆

学ばなくてもさしあたり支障がないことと思われがちな、現代的な課題に関わる「科学」「社会」の学習。「わからないはず」「わかっているはず」と思い込まない授業づくりが、学びの楽しさ、大切さを創り出す。
1650円

母ちゃん☆センセ、笑ってなんぼ
発達障害のある子どもと創る希望ある生活
山口歩・杉本温子・玉村公二彦／著

パワフルで細やかな母ちゃん、厳格であたたかい特別支援学級教師、破天荒でやさしい大学教員がその選択は誰のために？ 何のために？ と問いながら、障害のある子どもたちと創り出してきた、穏やかな生活と教育。　　　1870円